JORGE LUIS BORGES
ALICIA JURADO

—————

Qué es el budismo

Lumen

Qué es el budismo

Primera edición en Argentina: julio, 2018
Primera edición en México: noviembre, 2019
Primera impresión en Colombia: mayo, 2024

D. R. © 1995, 1996, María Kodama
All rights reserved
D. R. © 2018, Penguin Random House Grupo Editorial, S.A.
Humberto I, 555, Buenos Aires
D. R. © 2019, derechos de edición mundiales en lengua castellana
excepto Estados Unidos, Canadá, Puerto Rico y Filipinas:
Penguin Random House Grupo Editorial, S. A. de C. V.
Blvd. Miguel de Cervantes Saavedra núm. 301, 1er piso,
colonia Granada, delegación Miguel Hidalgo, C. P. 11520,
Ciudad de México
Diseño de colección: Penguin Random House Grupo Editorial / Rompo
© 2024, Penguin Random House Grupo Editorial, S. A. S.
Carrera 7ª No.75-51. Piso 7, Bogotá, D. C., Colombia
PBX: (57-1) 743-0700

Impreso en Colombia-*Printed in Colombia*

ISBN: 978-628-7658-07-3

Impreso por Editorial Nomos, S.A.

ÍNDICE

ACLARACIÓN

Jorge Luis Borges, con su generosidad habitual, ha insistido en que mi nombre figure junto al suyo en la tapa de este libro, pero la probidad me obliga a aclarar ante el lector la responsabilidad que nos toca a cada uno. Pertenecen a Borges el plan general de la obra, basada en gran parte en las notas para las conferencias sobre el budismo que pronunció en el Colegio Libre de Estudios Superiores; el enfoque del tema según un criterio muy personal, que es el suyo, y el estilo inconfundible en que está redactada. A mí me tocaron las tareas de investigar y seleccionar material en textos más recientes, de aportar algunos datos y sugerir modificaciones menores y, por supuesto, de leer, escribir y preparar el manuscrito para la imprenta.

ALICIA JURADO

EL BUDDHA LEGENDARIO

Paul Deussen ha observado que la leyenda del Buddha es un testimonio, no de lo que el Buddha fue, sino de lo que llegó a ser en muy poco tiempo; otros investigadores agregan que en lo legendario, en lo mítico, la esencia del budismo ha encontrado su expresión más profunda. La leyenda nos revela lo que creyeron innumerables generaciones de hombres piadosos y sigue perdurando en la mente de gran parte de la humanidad.

La biografía empieza en el cielo. El Bodhisattva (el que llegará a ser el Buddha, título que significa 'el Despierto') ha logrado, por méritos acumulados en infinitas encarnaciones anteriores, nacer en el cuarto cielo de los dioses. Mira, desde lo alto, la tierra y considera el siglo, el continente, el reino y la casta en que renacerá para ser el Buddha y salvar a los hombres. Elige a su madre, la reina Maya (este nombre significa la fuerza mágica que crea el ilusorio universo), mujer de Suddhodana, que es rey en la ciudad de Kapilavastu, al sur del Nepal. Maya sueña que en su costado entra un elefante de seis colmillos, con el cuerpo del color de la nieve y la cabeza del color del rubí. Al despertar, la reina no siente dolor ni siquiera peso, sino bienestar y agilidad. Los dioses crean un palacio en su cuerpo; en ese recinto el Bodhisattva espera su hora rezando. En el segundo mes de la primavera la reina atraviesa un jardín; un árbol cuyas hojas resplandecen como el plumaje del pavo real le tiende una rama; la reina la acepta con naturalidad; el Bodhisattva se levanta en aquel momento y nace por el flanco derecho sin lastimarla. El recién nacido da siete pasos, mira a derecha e izquierda, arriba, abajo, atrás y adelante; ve que en el universo no hay otro igual a él y anuncia con voz de león: "Soy el primero y el mejor; éste es mi último nacimiento; vengo a dar término al dolor, a la enfermedad y a la muerte". Dos nubes vierten agua fría y caliente para el baño de la madre y del hijo; los ciegos ven, los sordos oyen, los lisiados caminan, los instrumentos de música tocan solos; los dioses del cuarto cielo se regocijan, cantan y bailan; los réprobos en el infierno olvidan su pena. En aquel mismo instante nacen su futura mujer, Yasodhara; su cochero, su caballo, su elefante y el árbol a cuya sombra llegará a la liberación. El niño recibe el nombre de Siddharta; también es conocido por el de Gautama, que fue adoptado por su familia, los Sakyas.

La madre muere a los siete días de haber nacido el Bodhisattva y sube al cielo de los treinta y tres Devas. Un visionario, Asita, oye el júbilo de estas divinidades, baja de la montaña, toma al niño en brazos y dice: "Es el incomparable". Comprueba en él las marcas del elegido: una especie de alta corona orgánica en mitad del cráneo, pestañas de buey, cuarenta dientes muy unidos y blancos, quijada de león, altura igual a la extensión de los brazos abiertos, color dorado, membranas interdigitales y un centenar de formas dibujadas en la planta del pie, entre las que figuran el tigre, el elefante, la flor de loto, el monte piramidal Meru, la rueda y la esvástica. Luego Asita llora, porque se sabe demasiado viejo para recibir la doctrina que el Buddha predicará en el futuro.

Los intérpretes del sueño de Maya han profetizado que su hijo será dueño del mundo (un gran rey) o redentor del mundo. Su padre quiere lo primero; hace levantar tres palacios para Siddharta, de los que excluye toda cosa que pueda revelarle la caducidad, el dolor o la muerte. El príncipe se casa al cumplir los diecinueve años; antes debe ser vencedor en varios certámenes que incluyen la caligrafía, la botánica, la gramática, la lucha, la carrera, el salto y la natación. También debe triunfar en la prueba del arco; la flecha disparada por Siddharta cae más lejos que ninguna otra y, donde cae, brota una fuente.[1] Estos lauros son símbolos de su futura victoria sobre el Demonio.

Diez años de ilusoria felicidad transcurren para el príncipe, dedicados al goce de los sentidos en su palacio, cuyo harén encierra ochenta y cuatro mil mujeres, pero Siddharta sale una mañana en su coche y ve con estupor a un hombre encorvado "cuyo pelo no es como el de los otros, cuyo cuerpo no es como el de los otros", que se apoya en un bastón para caminar y cuya carne tiembla. Pregunta qué hombre es ése: el cochero explica que es un anciano y que todos los hombres de la Tierra serán como él. En otra salida ve a un hombre que la lepra devora; el cochero explica que es un enfermo y que nadie está exento de ese peligro. En otra ve a un hombre que llevan en un féretro; ese hombre inmóvil es un muerto, le explican, y morir es la ley de todo el que nace. En la última salida ve a un monje de las órdenes mendicantes que no desea ni morir ni vivir (en las últimas formas de la leyenda las cuatro figuras son

---

1 La busca de esta fuente es uno de los temas centrales del *Kim* de Kipling.

fantasmas o ángeles). La paz está en su cara; Siddharta ha encontrado el camino.

La noche en que toma la decisión de renunciar al mundo, le anuncian que su mujer ha dado a luz un hijo. Regresa al palacio; a medianoche se despierta, recorre el harén y ve a las mujeres dormidas. A una le babea la boca; otra, con el pelo suelto y desordenado, parece pisoteada por elefantes; otra habla en sueños; otra muestra su cuerpo lleno de úlceras; todas parecen muertas. Siddharta dice: "Así son las mujeres, impuras y monstruosas en el mundo de los seres mortales; pero el hombre, engañado por sus adornos, las juzga codiciables". Entra en el aposento de Yasodhara; la ve dormida con la mano en la cabeza del hijo. Piensa: "Si retiro esa mano de su lugar, mi mujer se despertará; cuando sea Buddha volveré y tocaré a mi hijo".

Huye del palacio, rumbo al Oriente. Los cascos del caballo no tocan la tierra, las puertas de la ciudad se abren solas. Atraviesa un río, despide al servidor que lo acompaña, le entrega su caballo y sus vestiduras y se corta el pelo con la espada. Lo arroja al aire y los dioses lo recogen como reliquia. Un ángel que ha tomado forma de asceta le entrega las tres piezas del traje amarillo, el cinturón, la navaja, la escudilla para limosnas, la aguja y el cedazo para filtrar el agua. El caballo regresa y muere de pena.

Siddharta queda siete días en la soledad. Busca después a los ascetas que habitan en la selva; unos están vestidos de hierbas, otros de hojas. Todos se alimentan de frutos; unos comen una vez al día, otros cada dos días, otros cada tres. Rinden culto al agua, al fuego, al sol o a la luna. Hay quien está parado en un pie y hay quienes duermen en un lecho de espinas. Estos hombres le hablan de dos maestros que viven en el norte; las razones de estos maestros no lo satisfacen.

Siddharta se va a las montañas, donde pasa seis duros años entregado a la mortificación y al ayuno. No cambia de lugar cuando cae sobre él la lluvia o el sol; los dioses creen que ha muerto. Entiende, al fin, que los ejercicios de mortificación son inútiles; se levanta, se baña en las aguas del río y come un poco de arroz. Su cuerpo recobra inmediatamente el antiguo fulgor, los signos que Asita reconoció y la perdida aureola. Pájaros vuelan sobre su cabeza para rendirle honor y el Bodhisattva se sienta a la sombra del Árbol del Conocimiento y se pone a pensar. Resuelve no levantarse de ahí hasta haber logrado la iluminación.

Mara, dios del amor, del pecado y de la muerte, ataca entonces a Siddharta. Este mágico duelo o batalla dura una parte de la noche. Mara, antes de combatir, se sueña vencido, perdida su diadema, marchitas las flores y secos los estanques de sus palacios, rotas las cuerdas de sus instrumentos de música, cubierta de polvo la cabeza. Sueña que en la pelea no puede sacar la espada; congrega, sin embargo, un vasto ejército de demonios, tigres, leones, panteras, gigantes y serpientes —algunos eran grandes como palmeras y otros pequeños como niños—, cabalga un elefante de ciento cincuenta millas de alzada y asume un cuerpo con quinientas cabezas, quinientas lenguas de fuego y mil brazos, cada uno con un arma distinta. Los ejércitos de Mara arrojan montañas de fuego sobre Siddharta; éstas, por obra de su amor, se convierten en palacios de flores. Los proyectiles forman un alto baldaquín sobre su cabeza. Mara, vencido, ordena a sus hijas que lo tienten; éstas lo asedian y le dicen que están hechas para el amor y para la música, pero Siddharta les recuerda que son ilusorias e irreales. Señalándolas con el dedo, las transforma en viejas decrépitas. Cubierto de confusión, el ejército de Mara se desbanda.

Solo e inmóvil bajo el árbol, Siddharta ve sus infinitas encarnaciones anteriores y las de todas las criaturas; abarca de un vistazo los innumerables mundos del universo; después, la concatenación de todas las causas y efectos. Intuye al alba las cuatro verdades sagradas. Ya no es el príncipe Siddharta, es el Buddha. Las jerarquías de los dioses y los Buddhas venideros lo adoran, pero él exclama:

He recorrido el círculo de muchas encarnaciones buscando al arquitecto. Es duro nacer tantas veces. Arquitecto, al fin te encontré. Nunca volverás a construir la casa.

Aquí termina (dice Karl Friedriech Köppen) la más antigua forma de la leyenda, el evangelio del Nepal y del Tibet.

Siete días más queda el Buddha bajo el árbol sagrado; los dioses lo alimentan, lo visten, queman incienso, le arrojan flores y lo adoran. Llueve y un rey de las serpientes, un Naga, se enrosca siete veces alrededor del cuerpo del Buddha y forma un techo con sus siete cabezas. Cuando el cielo se aclara, el Naga se transforma en un joven brahmán que se prosterna y dice: "No he querido asustarte; mi propósito fue protegerte del agua y del frío". Al cabo de una breve conversación, el Naga se convierte al budismo. Su ejemplo es imitado por un dios, que ingresa como adepto laico a la orden. Los cuatro reyes del espacio ofrecen al Buddha cuatro escudillas de piedra; éste, para no desairar a ninguno, las funde en una sola, que durante cuarenta años le servirá para recibir las limosnas. Brahma baja del firmamento con un gran séquito y suplica al Buddha que inicie la predicación que salvará a los hombres. El Buddha accede; el genio de la tierra comunica esta decisión a los genios del aire, que a su vez transmiten la buena nueva a las divinidades de todos los cielos.

El Buddha se encamina a Benares. Entra por la puerta occidental de la ciudad, pide limosna y se dirige al Parque de los Ciervos. Busca a cinco monjes que fueron sus compañeros y que se apartaron de él cuando renunció a los rigores del ascetismo; hace girar para ellos, ahora, la Rueda de la Ley: les muestra la Vía Media, que equidista de la vida carnal y de la vida austera, y les enseña la aniquilación del dolor por la aniquilación del deseo. Los monjes se convierten. En aquel día, dice uno de los libros canónicos, hubo seis santos en la Tierra. De esta manera, se constituyen las tres cosas sagradas: el Buddha, su doctrina y su orden.

Un día, el Buddha llega al Ganges y se ve obligado a cruzarlo volando por el aire porque no tiene las monedas que le exige el barquero; otro, convierte a un Naga, tras un coloquio en que los dos exhalan bocanadas de humo y de fuego. Finalmente, el Buddha encierra al Naga en su escudilla.

Llamado por su padre, el Buddha vuelve a Kapilavastu acompañado de veinte mil discípulos. Ahí, entre otros, convierte a su hijo Rahula y a su primo Ananda. Unos pescadores le traen un enorme pez que tiene cien cabezas distintas: de asno, de perro, de caballo, de mono... El Buddha explica que en una encarnación anterior el pez ha sido un monje que se burlaba de la inepcia de sus hermanos llamándolos "cabeza de mono" o "cabeza de asno".

Devadatta, primo y discípulo del Buddha, ensaya una reforma de la orden: propone que los monjes anden vestidos de harapos, duerman a la intemperie, se abstengan de comer pescado, no entren en las aldeas y no acepten invitaciones. Deseoso de usurpar el lugar del Buddha, sugiere al príncipe de Magadha el asesinato de aquél. Dieciséis arqueros mercenarios se apuestan en el camino para matarlo. Cuando aparece el Buddha, su virtud y su poder se imponen a los asesinos, que desisten de su propósito. Devadatta, entonces, suelta contra él un elefante salvaje; el animal detiene su carrera y cae de rodillas, subyugado por el amor. Otras versiones multiplican el número de elefantes, que además están ebrios; cinco leones rugientes salen de los cinco dedos del Buddha, y los elefantes, asustados y arrepentidos, se ponen a llorar. La tierra, al fin, traga a Devadatta, que cae en uno de los infiernos, donde le asignan un cuerpo en llamas de mil seiscientas millas de largo. El Buddha explica que esa enemistad es antigua. Hace muchos siglos una enorme tortuga salvó la vida y el equipaje de un mercader llamado Ingrato, que había naufragado; Ingrato aprovechó el sueño de su bienhechora para comérsela y el Buddha concluye su narración con estas palabras: "El que fue mercader es hoy Devadatta y yo fui esa tortuga".

En la ciudad de Vesali, acepta la invitación de la famosa cortesana Ambapali, que luego regala su parque a la orden. Recordemos que Jesús, en casa del fariseo, tampoco desdeña el bálsamo que una pecadora le ofrece (Lucas, VII, 36-50).

Al cabo de los años, Mara busca de nuevo al Buddha y le aconseja que abandone esta vida, ahora que está fundada la orden y que ésta cuenta con un número suficiente de monjes. El Buddha le contesta que ha resuelto morir al cabo de tres meses. Escuchadas estas palabras, la tierra se estremece, el sol queda oscurecido, se desencadenan tormentas y todas las criaturas tienen miedo. La leyenda explica que el Buddha hubiera podido vivir millares de siglos y que su muerte es voluntaria. Poco después, el Buddha sube al Cielo de Indra y le encomienda la conservación de su ley; luego baja al Palacio de las Serpientes, que también prometen guardarla. Las divinidades, las serpientes, los demonios, los genios de la Tierra y de las estrellas, los genios de los árboles y de los bosques piden al Buddha que dilate su muerte, pero éste declara que la fugacidad es la ley de todos los seres y también la suya. Cunda, el hijo de un herrero, le ofrece en Kusinara un trozo de carne salada de cerdo o según otros unas trufas; esta comida agrava el mal que el Buddha ya sentía y cuyos signos había reprimido por un ejercicio de su voluntad, para no entrar en el Nirvana sin despedirse de sus monjes. Se baña, bebe agua y se tiende bajo unos árboles para morir. Los árboles bruscamente florecen; saben tal vez que ese hombre viejo y tan enfermo es el Buddha. Éste, en la hora de su muerte, profetiza futuros cismas y discordias, recomienda la observación de la ley y dispone sus ritos funerarios. Muere acostado sobre el flanco derecho, la cabeza hacia el norte, la cara vuelta hacia el poniente. Entra en el éxtasis y muere en el éxtasis. Muere al anochecer, en esa hora en que parece fácil la muerte.

A las puertas de la ciudad queman el cadáver y celebran ritos solemnes, como si fuera el de un gran rey, el del rey que Siddharta no quiso ser. Antes de entregarlo a las llamas lo honran con danzas, elegías y juegos que duran seis días. El séptimo colocan el cadáver en la pira; cuatro, ocho y dieciséis personas tratan en vano de encenderla; finalmente sale una llama del corazón del Buddha y consume el cuerpo. Una urna recibe los huesos calcinados, sobre los que se vierte miel para que ninguna partícula se pierda. El conjunto se divide en tres partes: una para los dioses, que la guardan en túmulos celestiales; otra para los Nagas, que la guardan en túmulos subterráneos; otra para ocho reyes, que edifican en la Tierra ocho monumentos, a los que acudirán generaciones de peregrinos.

Tal es, a grandes rasgos, la vida legendaria del Buddha. Antes de juzgarla, conviene recordar ciertas cosas.

Paul Deussen, en 1887, jugó con la conjetura de que los posibles habitantes de Marte mandaran a la Tierra un proyectil con la historia y exposición de su filosofía y consideró el interés que despertarían esas doctrinas, sin duda tan diferentes de las nuestras. Observó después que la filosofía del Indostán, revelada en los siglos XVIII y XIX, era para nosotros no menos extraña y preciosa que la de otro planeta. Todo, efectivamente, es distinto, hasta las connotaciones de las palabras. Cuando leemos que el Buddha entró en el costado de su madre en forma de joven elefante blanco con seis colmillos, nuestra impresión es de mera monstruosidad. El seis, sin embargo, es número habitual para los hindúes, que adoran a seis divinidades llamadas las seis puertas de Brahma y que han dividido el espacio en seis rumbos: norte, sur, este, oeste, arriba, abajo. La escultura y la pintura indostánicas, por lo demás, han difundido imágenes múltiples para ilustrar la doctrina panteísta de que Dios es todos los seres. En cuanto al elefante, animal doméstico, es símbolo de mansedumbre.

Para este resumen de la leyenda del Buddha, se han consultado dos textos. El primero es el *Lalitavistara*, nombre que Winternitz traduce de esta manera: *Minuciosa narración del juego (de un Buddha)*. Al estudiar la escuela del Gran Vehículo, veremos la justificación de tales palabras. La obra ha sido redactada en los primeros siglos de nuestra era. El segundo texto es el *Buddhacarita*, poema épico atribuido a Asvaghosha, que vivió en el primer siglo de la era cristiana. Una biografía tibetana del poeta afirma que éste recorría los mercados acompañado de cantores y de cantoras, predicando la fe del Buddha al son de melancólicas endechas cuya letra y cuya música eran de su invención. El poema fue escrito en sánscrito y vertido al chino, al tibetano y, en 1894, al inglés.

EL BUDDHA HISTÓRICO

En el caso del Buddha, como en el de otros fundadores de religiones, el problema esencial del investigador reside en el hecho de que no hay dos testimonios sino uno solo: el de la leyenda. Los hechos históricos están ocultos en la leyenda, que no es una invención arbitraria sino una deformación o magnificación de la realidad. Es sabido que los literatos del Indostán suelen buscar hipérboles y esplendores, pero no rasgos circunstanciales; si éstos se encuentran en la leyenda, podemos conjeturar que son verdaderos. En el capítulo anterior, hemos visto que Siddharta tenía veintinueve años cuando abandonó su palacio; esta cifra ha de ser exacta, ya que no parece tener ninguna connotación simbólica. Se nos dice que fue discípulo de diversos maestros; esto también es verosímil, ya que más impresionante hubiera resultado decir que todo lo sacó de sí y que nadie le enseñó nada. Idéntico razonamiento cabe aplicar a la causa inmediata de su enfermedad y de su muerte: ningún evangelista hubiera inventado la carne salada o las trufas que apresuraron el fin del famoso asceta.

Siddharta, antes de ser un asceta, fue un príncipe; es casi inevitable que quienes divulgaron su historia exageraran el esplendor que lo rodeó al comienzo, para aumentar el contraste de ambas etapas de su vida. En Suddhodana, Oldenberg ve a un grande y rico terrateniente cuya riqueza provenía del cultivo del arroz y no a un monarca. El hecho de que su nombre se haya traducido por Arroz Puro o El que Tiene Alimento Puro parece justificar esa hipótesis.

Lo legendario envuelve toda la vida del Buddha, pero es más profuso en la etapa que antecede a la proclamación de su ley. El itinerario de sus viajes debe de ser auténtico, dada su precisa topografía. Nos queda pues la crónica minuciosa de cuarenta y cinco años de magisterio, de la que basta extirpar algunos milagros.

Acaso no sea inútil señalar que el siglo VI a.C., en que floreció el Buddha, fue un siglo de filósofos: Confucio, Lao Tse, Pitágoras y Heráclito fueron contemporáneos suyos.

Para el occidental, la comparación de la historia o leyenda del Buddha con la historia o leyenda de Jesús es quizás inevitable. Esta última abunda en inolvidables rasgos patéticos y en circunstancias de insuperable dramaticidad; comparada con la de un dios que condesciende a tomar la forma de un hombre y muere crucificado entre dos ladrones, la otra historia del príncipe que deja su palacio y profesa una vida austera es harto más pobre. Reflexionemos, sin embargo, acerca de que la negación de la personalidad es uno de los dogmas esenciales del budismo y que haber inventado una personalidad muy atrayente, desde el punto de vista humano, hubiera sido desvirtuar el propósito fundamental de la doctrina. Jesús conforta a sus discípulos diciéndoles que si dos de ellos se reúnen en su nombre, Él será el tercero; el Buddha, en circunstancias análogas, dice que él deja a los discípulos su doctrina. Edward Conze ha observado muy justamente que la existencia de Gautama como individuo es de escasa importancia para la fe budista. Agrega, según el espíritu del Gran Vehículo, que el Buddha es una suerte de arquetipo que se manifiesta en el mundo en diversas épocas y con diversas personalidades, cuyas idiosincrasias carecen de mayor importancia. La pasión de Cristo ocurre una vez y es el centro de la historia de la humanidad; el nacimiento y la enseñanza del Buddha se repiten cíclicamente para cada período histórico y Gautama es un eslabón en una cadena infinita que se dilata hacia el pasado y el porvenir.

La fastuosa vida y la numerosa poligamia del Buddha legendario pueden chocar a ciertos prejuicios occidentales; conviene recordar que corresponden a la concepción hindú según la cual el renunciamiento es la corona de la vida y no su principio. Aun ahora, en el Indostán, no es infrecuente el caso de hombres que, en los umbrales de la vejez, dejan su familia y su fortuna y salen a los caminos a practicar la vida errante del asceta.

Escribe Edward Conze: "…para el historiador cristiano o agnóstico, sólo es real el Buddha humano, y el Buddha espiritual o mágico no son más que ficciones. Otro es el punto de vista del creyente. La esencia del Buddha y su cuerpo glorioso se destacan en primer término, en tanto que su cuerpo humano y su existencia histórica son meros harapos que recubren aquella gloria espiritual".

Las dificultades que se presentan al historiador occidental del budismo son un caso particular de un problema más amplio. Como Schopenhauer, los hindúes desdeñan la historia; carecen de sentido cronológico. Alberuni, escritor árabe de principios del siglo XI, que pasó trece años en la India, escribe: "A los hindúes poco les importa el orden de los hechos históricos o la sucesión de los reyes. Si les hacen preguntas, inventan cualquier contestación". Oldenberg, que procura defenderlos de ese dictamen, invoca una historia o crónica titulada *El río de monarcas*, en la que un rajá reina durante trescientos años y otro, setecientos años después de haber reinado su hijo. Deussen, en cambio, observa: "Los historiadores comunes (que no perdonan a un Platón no haber sido un Demóstenes) deberían tratar de entender que los hindúes están a una altura que no les permite encantarse, como los egipcios, compilando listas de reyes o, para decirlo en el lenguaje de Platón, enumerando sombras". La verdad, por escandalosa que sea, es que a los hindúes les importan más las ideas que las fechas y que los nombres propios. Sin inverosimilitud se ha conjeturado que la indicación de Kapilavastu (morada de Kapila) como ciudad natal de Gautama puede ser una manera simbólica de sugerir la gran influencia de Kapila, fundador de la escuela Sankhya, sobre el budismo.

Para el hindú que estudia filosofía, las diversas doctrinas son idealmente contemporáneas. La más o menos precisa cronología de los sistemas filosóficos de la India ha sido fijada por europeos: por Max Müller, por Garbe, por Deussen.

ANTECEDENTES DEL BUDISMO

EL SANKHYAM

Hemos dicho que la tradición eligió la ciudad de Kapila-vastu como lugar de nacimiento del Buddha, porque en su doctrina hay ecos de la que enseñó Kapila, fundador del Sankhyam; más verosímil es pensar que esos ecos, que parecen indiscutibles, se deben a que el Buddha na-ció en la patria de Kapila, donde el Sankhyam y su ter-minología eran comunes. Durante el auge del budismo, la ciudad fue objeto de peregrinaciones. El monje chino Hsuang Tsang visitó sus ruinas a principios del siglo VII y, a su vuelta, introdujo en el Celeste Imperio el idealis-mo o negación de la realidad del mundo externo.

Sankhyam quiere decir, en sánscrito, enumeración. Garbe ha dicho que los brahmanes llamaron "filosofía de la enumeración" al sistema de Kapila, para hacer burla de sus divisiones y subdivisiones, y que el apodo perduró.

El Sankhyam es dualista. Desde la eternidad hay una materia compleja —*Prakriti*— y un infinito número de *Purushas* o almas individuales e inmateriales. La *Prakriti* consta de tres factores, los *gunas*: el primero, *sattva*, corresponde a lo liviano y luminoso en los objetos, al bienestar y a la dicha en los sujetos; el segundo, *rajas*, corresponde a lo fuerte y activo en los objetos, a la pasión y a la agresión en los sujetos; el tercero, *tamas*, corresponde a lo oscuro y pesado en los objetos y, en los sujetos, a la indiferencia y al sueño. El primer *guna* predomina en los mundos de los dioses, el segundo en el mundo de los hombres y el tercero en el mundo animal, vegetal y mineral. Según esta teoría, la alegría o el pesar que causan las cosas está, literalmente, en ellas. El placer que nos da el espectáculo de las flores está en las flores. El origen de los diversos colores se atribuye a los *gunas*; el predominio del *sattva* produce el amarillo y el blanco; el del *rajas*, el rojo y el azul, y el del *tamas*, el gris y el negro. Una comparación clásica equipara los *gunas* a las hebras de pelo que se entretejen para hacer una trenza.

Los *Purushas*, unidos a la materia, forman los seres vivos. En cada uno debemos distinguir el cuerpo material y el cuerpo etéreo o alma psíquica, hecho de sustancia sutil. El *Purusha*, que para trasladarse necesita el cuerpo, es equiparado a un lisiado; la *Prakriti*, que no puede sentir o ver sin el alma, a una ciega. El cuerpo material perece en cada encarnación con la muerte del hombre; el cuerpo etéreo o sutil es imperecedero y acompaña al alma en el ciclo de las transmigraciones. Su nombre sánscrito es *linga* y consta de trece órganos: el entendimiento, el principio de individuación (es decir, la ilusión que nos induce a pensar "Yo hablo, yo soy poderoso, yo toco, yo mato, yo muero"), el *manas* u órgano central, etc. Según algunos maestros del Sankhyam, no hay percepciones simultáneas; cada una exige una duración infinitesimal; creemos a un tiempo ver un color y oír un sonido, como creemos ver una aguja atravesar simultáneamente cien hojas superpuestas de loto.

El alma inmaterial es un espectador, un testigo, no un actor de las cosas. Cuando el cuerpo sutil o alma psíquica intuye esta verdad, cesa la unión del alma con la materia. El alma y los dos cuerpos, el material y el sutil, se desintegran. El alma psíquica logra esta convicción mediante ejercicios ascéticos; la ayuda el primer *guna*, el *sattva*. El alma libertada de sus cuerpos no se reintegra a un alma total, pero logra la absoluta inconsciencia. Los textos la comparan a un espejo en el que no cae reflejo alguno, a un espejo vacío. Esta inconsciencia no es una mera privación o aniquilación; el alma, que antes era testigo de la vigilia y de los sueños, ahora lo es del sueño profundo.

Para ilustrar la tesis de que fundamentalmente somos espectadores, no actores, los maestros del Sankhyam recurren a una hermosa metáfora. Quien asiste a una danza o a una representación teatral, acaba por identificarse con los bailarines o con los actores; lo mismo le sucede a cada uno con sus pensamientos y acciones. Desde el nacimiento hasta la muerte, estamos continuamente vigilando a alguien y compartiendo sus estados físicos y mentales; esa íntima convivencia crea en nosotros la ilusión de que somos ese alguien. Análogamente, Victor Hugo tituló su autobiografía: *Victor Hugo racconté par un témoin de sa vie.*

A semejanza de otros sistemas filosóficos de la India, el Sankhyam es ateo; esto no impide que los brahmanes lo consideren ortodoxo; ya que, entre los hindúes, la ortodoxia no se define por la creencia en una divinidad personal sino por la veneración de los Vedas: las colecciones de himnos, plegarias, fórmulas mágicas y ritos que forman el más antiguo monumento literario del Indostán. Por lo demás, el ateísmo del Sankhyam no es agresivo; el sistema excluye a un Dios todopoderoso, pero no a las innumerables divinidades de la mitología popular. Garbe cita un texto que dice: "Dios no puede haber hecho el mundo por interés, porque no necesita nada; ni por bondad, porque en el mundo hay sufrimiento. Luego, Dios no existe".[1]

No faltan, en cambio, rasgos anticlericales. Kapila enumera diversas servidumbres humanas; una de las más perniciosas, según él, es la de aquellos que tienen que hacer regalos a los sacerdotes.

EL VEDANTA

Como todas las religiones y filosofías del Indostán, el budismo presupone las doctrinas de los Vedas. La palabra Veda significa 'sabiduría' y se aplica a una vasta serie de textos antiquísimos que, antes de ser fijados por la escritura, se transmitieron oralmente de generación en generación. El Korán es un libro sagrado, la Biblia es un conjunto de obras que fueron declaradas canónicas por diversos concilios; la índole divina de los Vedas ha sido en cambio reconocida en la India desde una época

---

1 Lactancio, según Voltaire, atribuye a Epicuro un argumento parecido: "Si Dios quiere suprimir el mal y no puede hacerlo, es impotente; si puede y no quiere, es malvado; si no quiere ni puede, es a la vez malvado e impotente; si quiere y puede, ¿cómo explicar la presencia del mal en este mundo?".

inmemorial. Himnos, plegarias, incantaciones, fórmulas mágicas, letanías, comentarios místicos y teológicos, meditaciones ascéticas e interpretaciones filosóficas integran los Vedas. Se entiende que son obra de la divinidad que, al cabo de cada una de las infinitas aniquilaciones del universo, los revela a Brahma; éste, mediante las palabras de los Vedas, que son eternas, crea un nuevo universo. Así, la palabra *piedra* es necesaria para que haya piedras en cada nuevo ciclo cósmico.

La más famosa de las escuelas filosóficas, el Vedanta, tiene su raíz en los Vedas; Vedanta quiere decir 'Final' o 'Culminación de los Vedas'. Se trata de un monismo panteísta, afín a las doctrinas occidentales de Parménides, Spinoza y Schopenhauer. Para el Vedanta hay una sola realidad, diversamente llamada Brahman (Dios) o Atman (alma), según la consideremos objetiva o subjetivamente. Esta realidad es impersonal y única; ni en el universo ni en Dios hay multiplicidad. Recordará el lector que Parménides análogamente negó que hubiera variedad en el mundo; Zenón de Elea, su discípulo, formuló sus paradojas para probar que las nociones corrientes del tiempo y del espacio conducen a resultados absurdos. Para Sankara hay un solo sujeto conocedor; su esencia es eterno presente.

Brahman destruye y crea el universo cíclicamente: ambas operaciones son de índole mágica o alucinatoria. Ya en los Vedas, Dios es el Hechicero que crea el mundo aparencial mediante la fuerza mágica de Maya, la ilusión. Dos motivos de muy diversa índole han sido sugeridos para justificar las periódicas emanaciones y aniquilaciones del universo; para unos, el proceso cósmico es natural e involuntario como la respiración; para otros es un juego infinito de la ociosa divinidad. Recordemos la sentencia de Heráclito: "El tiempo es un niño que juega a las damas; un niño ejerce el poder real", y el verso del místico alemán del siglo XVII, Angelus Silesius: "Todo esto es un juego que ejecuta la divinidad".

Para ilustrar la naturaleza ficticia del mundo, Sankara nos habla del error de quienes toman una cuerda por una serpiente; detrás de la imaginaria serpiente hay una cuerda real; detrás de todas las cuerdas y serpientes hay una realidad, que es Dios. Nuestra ignorancia nos hace suponer que la cuerda es una serpiente y el universo una realidad; Sankara afirma que el universo es obra de la Ignorancia y de la Ilusión y que ambas son aspectos de una misma esencia. No existen Maya y Dios; Maya es un atributo de Dios, como el calor y el resplandor son atributos del fuego. Para quien ha llegado a la visión directa de Dios, éste ya no puede crear ilusiones. El cosmos es la ilusión cósmica; el cuerpo, el Yo y la noción de Dios como creador son facetas parciales de esa ilusión. La salvación debe buscarse en el Vedanta, que enseña la irrealidad de las cosas y la realidad de una sola cosa indeterminada: Dios o el alma. El Vedanta debe ser estudiado con un maestro, cuya lección final será: "Tú eres Brahman". Una vez intuida esta enseñanza, el hombre sigue en el cuerpo y en el mundo, pero conoce su carácter ilusorio. Dios es Bienaventuranza; el alma liberada también lo es. Resulta evidente la afinidad de tales doctrinas con la del budismo.

La doctrina del Vedanta se resume en dos afamadas sentencias: *Tat twam asi* (Eso eres tú) y *Aham brahmasmi* (Soy Brahman). Ambas afirman la identidad de Dios y del alma, de uno y el universo. Esto quiere decir que el eterno principio de todo ser, que proyecta y disipa mundos, está en cada uno de nosotros pleno e indivisible. Si se destruyera el género humano y se salvara un solo individuo, el universo se salvaría con él.

Otros maestros del Vedanta agregan que el error fundamental de las almas es identificarse con los cuerpos que habitan y buscar placeres sensuales, que las atan al mundo y son causa de sucesivas reencarnaciones. La ejecución desinteresada de los deberes que los Vedas imponen conduce a la salvación. Debemos amar al Creador, no a las criaturas.

Después de la muerte, el alma liberada es, a semejanza de Dios, pura conciencia, pero no se confunde con Dios, que es infinito. Ésta es la doctrina de Ramanuja; otros afirman que las almas individuales se pierden en la divinidad, como la gota de rocío en el mar: recordemos el verso final de *The Light of Asia* de Sir Edwin Arnold:

The dewdrop slips into the shining sea.[1]

En un texto del Vedanta se lee: "Como el hombre que sueña crea muchas formas pero no deja de ser uno; como los dioses y hechiceros proyectan, sin modificar su naturaleza, caballos y elefantes; así el mundo sale de Brahman y no lo modifica". Ilustración espléndida de lo anterior son estos versos del panteísta persa del siglo XIII Jalal-Uddin Rumi: "Soy el que tiende la red, soy el pájaro, soy la imagen, el espejo, el grito y el eco". Schopenhauer escribe análogamente: "Uno son el torturador y el torturado. El torturador se equivoca, porque cree no participar en el sufrimiento; el torturado se equivoca, porque cree no participar en la culpa". El poema *Brahma* de Emerson empieza así:

---

1   La gota de rocío se pierde en el mar resplandeciente.

If the red slayer thinks he slays,
Or if the slain thinks he is slain,
they know not well the subtle ways
I keep, and pass, and turn again.[1]

Y después:

They reckon ill who leave me out;
when me they fly, I am the wings;
I am the doubter and the doubt,
and I the hymn the Brahmin sings.[2]

También Baudelaire dirá: *Je suis le soufflet et la joue.*[3]

En la *Bhagavad-Gita* o Canto del Señor, que es un poema intercalado en el *Mahabharata*, Arjuna, a punto de entrar en batalla, piensa que peleará contra los suyos, deja caer las flechas y el arco y se sienta, abatido. En ambos ejércitos ve "maestros, padres, hijos,

---

1 Si el rojo asesino piensa que mata, / o si el muerto se cree asesinado, / desconocen los sutiles caminos / que recorro una y otra vez.

2 Quienes me excluyen se equivocan; / si huyen de mí, yo soy las alas; / soy el incrédulo y la duda / y el himno que canta el brahmán.

3 Soy la bofetada y la mejilla.

nietos, gente de su sangre"; resuelve dejarse matar. Krishna, que conduce su carro de guerra, es un dios; le explica que la batalla es ilusoria. Le dice: "Nunca no fui, nunca no fuiste, nunca no fueron estos príncipes, nunca llegará el día en que no seremos... Quien piensa que éste mata y que aquél es matado no tiene discernimiento; nadie mata y nadie es matado... El que habita los cuerpos deja los cuerpos ya gastados y pasa a cuerpos nuevos. Las espadas no lo destrozan, el fuego no lo quema, las aguas no lo mojan, los vientos no lo secan...". Agrega después: "La batalla es una puerta para entrar en el Paraíso". A estas palabras del dios comparemos las de Plotino: "El actor que muere en la escena cambia de máscara y reaparece en otro papel, pero verdaderamente no ha muerto. Morir es cambiar de cuerpo como cambian de máscara los actores".

El Vedanta admite la existencia de cielos. Alguno está situado en la luna; en otros, el bienaventurado puede simultáneamente habitar tres o más cuerpos. Este milagro, cuyo nombre técnico en la teología católica es bilocación o trilocación, recuerda a Pitágoras, de quien se dijo que lo vieron a un tiempo en dos ciudades. La *Indische Literatur* de Winternitz incluye esta curiosa leyenda:

"Al salir de la ciudad de Sravasti, el Buddha tuvo que atravesar una dilatada llanura. Desde sus diversos cielos, los dioses le arrojaron sombrillas para resguardarlo del sol. A fin de no desairar a sus bienhechores, el Buddha se multiplicó cortésmente y cada uno de los dioses vio a un Buddha que marchaba con su sombrilla".

El hombre no se salva por buenas obras, ya que éstas producen reencarnaciones en que se reciben las recompensas, lo cual es una continuación del Samsara y no un libertarnos de la rueda. El capítulo sobre la transmigración aclarará estos últimos conceptos.

COSMOLOGÍA BUDISTA

El budismo, como el hinduismo, del cual procede, postula un número infinito de mundos, todos de idéntica estructura. Afirmar que el universo es limitado es una herejía; afirmar que es ilimitado, también; afirmar que no es ni lo uno ni lo otro, es asimismo herético. Este triple anatema obedece acaso al propósito de desalentar las especulaciones inútiles, que nos apartan del urgente problema de nuestra salvación.

En el ombligo o centro de cada mundo se eleva una montaña cuyo nombre es Meru o Sumeru. Su forma es la de una pirámide trunca de base cuadrangular; la cara oriental es de plata, la austral de jaspe, la occidental de rubí y la septentrional de oro. En la cumbre están las ciudades de los dioses y los paraísos de los bienaventurados; en la base están los infiernos.

Alrededor del Meru, cuya altura es de ochenta y cuatro mil leguas, giran el sol, la luna y las constelaciones. Siete mares concéntricos, separados por siete cadenas circulares de montañas de oro, rodean el monte Meru; un cartón para tirar al blanco sería una suerte de mapamundi budista. La profundidad de los mares y la altura de las cordilleras decrecen a medida que se alejan del centro. Fuera del último círculo de montañas empieza el océano que conoce la humanidad. En sus aguas hay cuatro continentes e innumerables islas.[1] El continente oriental tiene forma de media luna; esta forma se repite en las caras de los habitantes, que son tranquilos y virtuosos. Se atribuye a este continente el color blanco. El continente austral, que es el nuestro, tiene forma de pera; también son piriformes las caras de sus habitantes. En él existen el bien y el mal, las riquezas y la abundancia; se le asigna el color azul. El continente occidental es redondo y rojo; sus habitantes, cuya fuerza es extraordinaria, se alimentan de carne de vaca y tienen caras circulares. El continente septentrional es el mayor de todos. Su color es verde y su forma

---

1   Nos atenemos a la cosmografía expuesta por W. Y. Evans-Wentz en el prólogo del *Tibetan Book o the Dead* (Londres, 1957). Otros orientalistas sitúan los cuatro continentes en las cuatro faldas del Meru a orillas del primer océano.

es cuadrangular, como las caras de los habitantes, que son herbívoros. Las almas, después de la muerte, habitan los árboles.

Cada uno de estos continentes tiene dos satélites; en el que está a la izquierda del nuestro viven los *rakshasas*, demonios enemigos de la humanidad, que rondan los cementerios, interrumpen los sacrificios, hostigan a la gente piadosa, animan los cadáveres y devoran a los seres humanos. Pueden ser horribles o hermosos; algunos tienen un solo ojo, otros una sola oreja; unos caminan sobre dos piernas, otros sobre tres, otros sobre cuatro. En la poesía épica tienen determinados epítetos: homicidas, dañinos, ladrones de ofrendas, fuertes en la penumbra, noctámbulos, caníbales, carnívoros, bebedores de sangre, mordedores, glotones, carinegros. Se dice que en el siglo VIII de nuestra era, Padma-Sambhava, maestro del lamaísmo, les predicó la doctrina del Buddha.

Los habitantes del primer continente viven doscientos cincuenta años; los del segundo, cien; los del tercero, quinientos, y los del cuarto, dos mil. En el Antiguo Testamento se lee que la duración de la vida humana es de setenta años; Schopenhauer, para justificar el cómputo hindú, arguye que sólo a los cien años el hombre muere naturalmente, sin agonía, y que morir por una enfermedad es tan accidental como morir en una guerra o en un incendio.

La descripción del mundo que acabamos de resumir corresponde a un plano horizontal; verticalmente, cabe distinguir tres regiones superpuestas. La primera e inferior es la sensorial; la habitan dioses, hombres, demonios, fantasmas, animales y seres infernales. En la zona más baja de esa región están los infiernos o, mejor dicho, los purgatorios, ya que los períodos de castigo no son infinitos. Hay ocho moradas ardientes y ocho glaciales. Encima de los infiernos está la zona en que vivimos. La segunda región, intermedia, es la de las formas; la tercera y superior es aquella en que las formas no existen. Los dioses son los únicos habitantes de estas dos últimas regiones.

Los dioses viven muchos siglos, pero no son inmortales. Algunos habitan la cumbre del monte Meru; otros, palacios suspendidos en el aire. A medida que la jerarquía es más alta, los goces son menos físicos; la unión de los dioses inferiores es semejante a la de los hombres; luego, en categorías más elevadas, se realiza mediante el beso, la caricia, la sonrisa o la contemplación. No hay concepción ni nacimiento; los hijos, ya de cinco a diez años de edad, aparecen de pronto sobre las rodillas de la diosa o del dios que es su madre o su padre (según la tradición hebrea, Adán tenía treinta y tres años en el momento en que fue creado). Los dioses de la segunda región ignoran los deleites sensuales:

su alimento es la alegría y sus cuerpos están hechos de materia sutil. Oyen y ven, pero carecen de gusto, olfato y tacto. En la tercera región los dioses son incorpóreos y viven en un puro éxtasis contemplativo que puede extenderse a veinte, cuarenta, sesenta u ochenta mil períodos cósmicos.

Cada mundo flota sobre agua, el agua sobre viento, el viento sobre el éter. Los mundos, cuya cifra es incalculable, forman grupos de tres entre los cuales hay espacios desiertos, vastos y tenebrosos que sirven como lugares de castigo.

Conviene no olvidar que esta pintoresca cosmografía no es esencial a la doctrina que el Buddha predicó. Ciertamente, no se trata de un dogma; lo importante es la disciplina monástica que conduce al hombre a la liberación.

LA TRANSMIGRACIÓN

El budismo, que ahora es una religión, una teología, una mitología, una tradición pictórica y literaria, una metafísica o, mejor dicho, una serie de sistemas metafísicos que se excluyen, fue al principio una disciplina de salvación, una suerte de yoga (la palabra *yoga* es afín a la palabra latina *iugum*, 'yugo'). El mismo Buddha se negó siempre a discusiones abstractas que le parecieron inútiles y formuló la famosa parábola del hombre herido por una flecha y que no se la deja arrancar antes de saber la casta, el nombre, los padres y el país de quien lo hirió. "Proceder así, dijo el Buddha, es correr peligro de muerte; yo enseño a quitar la flecha." Con esta parábola respondió a quienes le preguntaban si el universo es infinito o finito, si es eterno o si ha sido creado.

Otra parábola refiere el caso de un grupo de ciegos de nacimiento que deseaban saber cómo era un elefante. Uno le tocó la cabeza y dijo que era como una tinaja; otro, la trompa y dijo que el elefante era como una serpiente; otro, las defensas y dijo que eran como rejas de arado; otro, el lomo y dijo que era como un granero; otro, la pata y dijo que era como un pilar. Análogo es el error de quienes pretenden saber qué es el universo.

De igual manera que la doctrina de Jesús presupone el Antiguo Testamento, la del Buddha presupone el hinduismo, del que ya era parte esencial la creencia en la transmigración. Esta creencia, que a primera vista puede parecer una fantasía, ha sido profesada por muy diversos pueblos en distintas épocas.

Entre los griegos, la doctrina se vincula a Pitágoras. Éste, según Diógenes Laercio, dijo haber recibido de Hermes el don de recordar sus vidas pasadas; después de ser Euforbo fue Hermótimo y reconoció en un templo el escudo que aquél usó en la guerra de Troya. También los órficos enseñaron que el cuerpo es sepultura y cárcel del alma. Un fragmento de Empédocles de Agrigento dice: "He sido mancebo, doncella, arbusto, pájaro y mudo pez que surge del mar". También habló de su congoja y su llanto cuando vio la Tierra y comprendió que iba a nacer en ese lugar. Platón, en el décimo libro de la *República*, narra la visión de un soldado herido que recorre los cielos y el Tártaro; allí ve el alma de Orfeo, que elige renacer en un cisne; la de Agamenón, que prefiere un águila, y la de Ulises, que alguna vez se llamó Nadie y ahora quiere ser un hombre modesto y oscuro. Según Platón, el ciclo de las reencarnaciones dura mil años, módica reducción griega de los *kalpas* o días de Brahma, que duran doce millones de años. Plotino, filósofo y místico, dice: "Las sucesivas reencarnaciones son como un sueño después de otro, o como dormir en camas distintas".

César atribuye la creencia en la transmigración a los druidas de Bretaña y de Galia. Un poema galés del siglo VI incluye esta enumeración heterogénea, que aprovecha las posibilidades literarias de tal doctrina:

> *He sido la hoja de una espada,*
> *He sido una gota en el río,*
> *He sido una estrella luciente,*
> *He sido una palabra en un libro,*
> *He sido un libro en el principio,*
> *He sido una luz en una linterna,*
> *He sido un puente que atraviesa sesenta ríos,*
> *He viajado como un águila,*
> *He sido una barca en el mar,*
> *He sido un capitán en la batalla,*

He sido una espada en la mano,
He sido un escudo en la guerra,
He sido la cuerda de un arpa,
Durante un año estuve hechizado en la espuma del
    agua.

Los cabalistas hebreos distinguen dos especies de transmigración: *Gilgul* (revolución) o *Ibbur* (fecundación). Acerca de la primera, se lee en un libro de Isaac Luria: "El alma de quien ha derramado sangre transmigra al agua y es arrastrada de un lado a otro, infinitamente; el dolor es más fuerte en una cascada". En la segunda, el alma de un antepasado o maestro se infunde en el alma de un desdichado, para confortarlo e instruirlo.

Los hindúes no han intentado demostraciones de la doctrina de la reencarnación, que es evidente y axiomática para ellos. El *Libro de la ley de Manu* contiene estas palabras: "El asesino de un brahmán encarna en el cuerpo de un perro, de un puercoespín, asno, camello, toro, cabra, carnero, bestia salvaje, pájaro, chandala y pullkaza",[1] según las circunstancias del crimen. "Quien roba vestidos de seda renace perdiz; si telas de lino, rana; si tejidos de algodón, garza; si una vaca,

---

1   Nombres de castas ínfimas.

cocodrilo. Si roba perfumes selectos renace ratón almizclero; si orégano, pavo; si grano cocido, erizo, y si grano crudo, puercoespín. Si ha robado fuego renace grulla; si un utensilio doméstico, zángano; si vestidos encarnados, perdiz roja."

Una idea tan singular como esta de las transmigraciones del alma por cuerpos humanos, animales y aun vegetales, ha suscitado, como es natural, las reacciones más diversas. Citemos, a título de curiosidad, la hipótesis dietética de Voltaire. Según éste, los brahmanes juzgaron que un régimen carnívoro puede ser peligroso en la India y, para que la gente se abstuviera de comer carne, inventaron que las almas humanas suelen alojarse en cuerpos de animales. La prohibición hebrea de comer carne de cerdo se ha atribuido asimismo al temor de la triquinosis. Otra conjetura es que el rendimiento de la vaca es mayor como productora de leche que como animal de carne.

David Hume afirma que la doctrina de la reencarnación es la única que la filosofía puede aceptar y que todos los argumentos que prueban la inmortalidad del alma prueban también su preexistencia. Para Schopenhauer, hay en el mundo una sola esencia, la Voluntad, que asume todas las formas del universo; la transmigración es un mito que presenta de un modo sucesivo esa realidad eterna y ubicua.

En el Indostán, la doctrina de la transmigración implica una cosmología de infinitas aniquilaciones y creaciones periódicas. Al mencionar en primer término las aniquilaciones, seguimos el ejemplo de los textos originales; este orden desconcertó a los investigadores europeos, quienes no comprendieron de inmediato que el propósito era eludir toda idea de un comienzo absoluto del universo, tal como el que, verbigracia, se enuncia en el primer versículo del Génesis. Cada ciclo dura un *kalpa*; ciertas ilustraciones clásicas pueden ayudarnos a concebir estos períodos casi infinitos. Imaginemos una montaña de piedra de dieciséis millas de altura; cada cien años la roza una tela finísima de Benares. Cuando ese roce haya gastado la alta montaña, no habrá pasado un *kalpa*. Notemos de paso que la astronomía moderna maneja cifras no menos vertiginosas.

La mente hindú se complace en la imaginación de vastos períodos de tiempo que, hasta hace poco, eran del todo ajenos a los hábitos de las mentes occidentales. En el siglo II de la era cristiana, el famoso teólogo Ireneo, obispo de Lyon, calculó seis mil años para la duración de la historia universal, correspondientes a los seis días del Génesis. Inversamente, a los hindúes los ha fascinado la contemplación y la fijación de plazos inmensos. Días, noches y años integran la vida de Brahma, pero cada día es un *kalpa* que equivale a

4.320.000.000 de años humanos. Cada *kalpa* comprende mil grandes períodos cósmicos, cada uno de los cuales se divide en cuatro *yugas*, llamadas *Krita-yuga* o Edad de Oro, *Trêta-yuga* o Edad de Plata, *Dvâpara-yuga* o Edad de Bronce y *Kali-yuga* o Edad de Hierro. La primera dura 4.000 años divinos, es decir 1.440.000 años humanos (ya que un año divino es igual a 360 años humanos); la segunda dura 3.000 años divinos, es decir 1.080.000 años humanos; la tercera dura 2.000 años divinos, es decir 720.000 años humanos, y la cuarta 1.000 años divinos, es decir 360.000 años humanos. Esta compleja y virtualmente ilimitada cronología fue inventada entre la época del *Rig-Veda* y la del *Mahabharata*. Un pasaje de esta epopeya pone una larga exposición del sistema en boca del mono Hanuman, famoso como guerrero, mago y gramático.

Antes y después de cada *yuga*, hay un período llamado crepúsculo, cuya duración es una décima parte de la *yuga*. Así, la *Krita-yuga* consta de 4.000 años divinos; su crepúsculo anterior es de 400, el posterior de otros 400, que, sumados a los 4.000 de la *yuga*, dan un total de 4.800 años divinos o 1.728.000 años humanos.

En cada *yuga* disminuyen la longevidad, la estatura y la ética de los hombres; en la primera, por ejemplo, todos los hombres eran brahmanes. La época que atra-

QUÉ ES EL BUDISMO

vesamos es la última. Brahma no es inmortal; sus días y sus noches tienen fin al cabo de 36.000 *kalpas*; muere y lo sustituye otro Brahma, que retoma el juego de emanaciones y de aniquilaciones, y así infinitamente.

Lo primero que aparece en cada período es el palacio de Brahma. El dios recorre sus recintos vacíos y se siente muy solo. Piensa en las otras divinidades; éstas renacen en el mundo de Brahma porque ya han agotado el *karma* que les permitía vivir en cielos más altos. Brahma supone que los dioses han sido creados por su deseo; los dioses comparten ese error, porque Brahma estaba en el palacio antes que ellos. Luego van surgiendo el monte Meru, la Tierra, los hombres y los infiernos.

Para el budismo se distinguen dos especies de *kalpas*, los vacíos y los búdicos. Durante los primeros no nacen Buddhas; durante los segundos, una flor de loto anuncia el lugar en que crecerá el Árbol de la Iluminación.

Si cada reencarnación es la consecuencia de una reencarnación anterior, si nuestras dichas y desdichas actuales dependen de lo que hicimos en la vida pasada, es evidente que no puede haber un primer término de la serie. Para el Buddha, cada uno de nosotros ya ha recorrido un número infinito de vidas, pero puede salvarse de recorrer infinitas vidas futuras si logra la liberación o Nirvana. Aclaremos que *infinito* no es, para el budismo, un sinónimo de *indefinido* o de *innumerable*; significa, como en las matemáticas, una serie sin principio ni fin. Nuestro pasado no es menos vasto ni menos insondable que nuestro futuro.

Hemos dicho que cada encarnación determina la subsiguiente; esta determinación constituye lo que las escuelas filosóficas de la India llaman el *karma*. La palabra es sánscrita y deriva de la raíz *kri* que significa 'hacer' o 'crear'. El *karma* es la obra que incesantemente estamos urdiendo; todos los actos, todas las palabras, todos los pensamientos —quizá todos los sueños— producen, cuando el hombre muere, otro cuerpo (de dios, de hombre, de animal, de ángel, de demonio, de réprobo) y otro destino. Si el hombre muere con anhelo de vida en su corazón, vuelve a encarnar; es como si, al morir, plantara una semilla.

Radhakrishnan ha definido el *karma* como la ley de la conservación de la energía moral. También podemos considerarlo una interpretación ética de la ley de causalidad; en cada ciclo del universo, las cosas son obra de los actos humanos, que crean montañas, ríos, llanuras, ciénagas, bosques. Si los árboles dan fruto o si el trigo crece en los campos, los impulsa el mérito de los hombres. Según esta doctrina, la geografía es una proyección de la ética.

El *karma* obra de un modo impersonal. No hay una divinidad de tipo jurídico que distribuye castigos y recompensas; cada acto lleva en sí el germen de una recompensa o de un castigo que pueden no ocurrir inmediatamente, pero que son fatales. Christmas Humphreys escribe: "Al pecador no lo castigan por sus pecados; éstos lo castigan. Por consiguiente no existe el perdón y nadie puede otorgarlo". Por el mero hecho de ser un sustantivo, la palabra *karma* sugiere una entidad autónoma; conviene recordar que sólo es una propiedad de los actos, que —según la índole de éstos— inevitablemente producen consecuencias adversas o felices. *Karma* es la ley del universo, pero no ha sido promulgada por un legislador ni la aplica un juez. Su operación es inexorable; en el *Dhammapada* se lee: "Ni en el cielo, ni en mitad del mar, ni en las grietas más hondas de las montañas, hay un sitio en que el hombre pueda librarse de una acción malvada".

La creencia en el *karma* enseña a la gente a sobrellevar con resignación las desventuras. Paul Deussen refiere que en Jaipur conversó con un mendigo ciego. Al preguntarle cómo había perdido la vista, el otro replicó: "En una vida anterior habré cometido algún crimen". En otras palabras: no hay sufrimiento inmerecido ni inmerecida felicidad. Los hindúes consideran la caridad como una ostentación y un error, ya que el desventurado no hace otra cosa que expiar culpas cometidas en una vida previa y tratar de ayudarlo es demorar el pago inexorable de esa deuda. Por eso, Gandhi condenó la fundación de asilos y de hospitales. En la India, la fe en la transmigración es tan profunda que a nadie se le ha ocurrido demostrarla, contrariamente a lo que ocurre en la cristiandad, que abunda en pruebas sin duda irrefutables de la existencia de Dios. Fuera del ejercicio del ascetismo, casi todas las buenas acciones consisten en ayudar al prójimo; si esa ayuda está prohibida, uno se pregunta qué buenas acciones nos quedan.

Karma es el nombre general de la ley, pero es también lo que los teósofos llaman el *cuerpo kármico*, es decir el organismo o estructura psíquica que los méritos y deméritos del hombre tejen durante su vida y que, después de la muerte, crean otro cuerpo que se desempeñará en otras circunstancias.

Para el budista, los conceptos de transmigración y de *karma* son inseparables y hay quien los considera dos caras de la misma moneda. Para el occidental, el concepto de transmigración es claro o, a primera vista, parece claro, en tanto que el de *karma* se le antoja arbitrario y difícil. La teoría platónica o pitagórica de la transmigración presupone un alma que transmigra, una pura esencia inmortal que se aloja en un cuerpo y después en otro; el budismo, en cambio, niega la existencia de un Yo y recurre al *karma* para asegurar una continuidad de las diversas vidas. El concepto de una estructura complejísima que cada individuo va construyendo a lo largo de su vida se presta menos a la transmigración que el concepto de un alma individual que pasa de una forma corporal a otra forma. Esta inconcebible estructura, el *karma*, es acaso uno de los puntos débiles del budismo.

En el *Visuddhimagga* (Camino de la Pureza) está escrito: "En ninguna parte soy un algo para alguien, ni alguien es algo para mí". Análogamente, un contemporáneo de Buddha, Heráclito de Éfeso, dijo: "Nadie baja dos veces al mismo río", sentencia comentada así por Plutarco: "El hombre de ayer ha muerto en el de hoy, el de hoy muere en el de mañana". El Camino de la Pureza declara: "El hombre de un momento futuro vivirá, pero no ha vivido ni vive. El hombre del momento presente vive, pero no ha vivido ni vivirá". Para el budismo, cada hombre es una ilusión, vertiginosamente producida por una serie de hombres momentáneos y solos. La apariencia de continuidad que una sucesión de imágenes produce en la pantalla cinematográfica puede ayudarnos a comprender esta idea un tanto desconcertante. En la filosofía moderna, tenemos el caso de Hume, para quien el individuo es un haz de percepciones que se suceden con increíble rapidez, y el de Bertrand Russell, para quien sólo hay actos impersonales, sin sujeto ni objeto.

La hipótesis de la impermanencia del individuo ha sugerido comentarios irónicos. Se cuenta que un brahmán expuso la doctrina a un soldado de Alejandro de Macedonia; el soldado lo dejó hablar y luego lo derribó de un puñetazo. Ante las protestas del brahmán, el converso le dijo: "Ni fui yo quien golpeó, ni eres tú el golpeado". De la fugacidad del hombre de Heráclito se burló el pitagórico Epicarmo en una comedia. Un deudor moroso alega que ya no es el contrayente de la deuda; el acreedor acepta la excusa y lo invita a cenar. Cuando el deudor llega al banquete, los esclavos lo expulsan, porque el acreedor ya no es la persona que hizo la invitación.

Una famosa obra apologética del siglo II, *Las preguntas del Rey Milinda*, refiere un debate cuyos interlocutores son el rey de la Bactriana, Milinda (Menandro) y el monje Nagasena. Éste razona que, así como el carro del rey no es las ruedas ni la caja ni el eje ni la lanza ni el yugo, tampoco el hombre es la materia, la forma, las impresiones, las ideas, los instintos o la conciencia. No es la combinación de estas partes ni existe fuera de ellas. Los cinco elementos (*skandhas*) enumerados por el monje corresponden a una noción común de la psicología hindú; el penúltimo ha sido traducido también como subconsciencia o individualidad. Nagasena pregunta si la llama que arde al principio de la noche es la del fin; le responden que sí. Nagasena aplica estas analogías de la lámpara y de la llama al caso del hombre que, desde el nacimiento hasta la muerte, ni es el mismo ni es otro. Al cabo de varios días de diálogo, el rey griego se convierte a la fe del Buddha.

En el budismo hay seis condiciones para el hombre después de la muerte. Se las llama los Seis Caminos de la Transmigración y se las enumera así:

1) La condición de dios (*deva*). Estos seres han sido heredados de la mitología indostánica y, según ciertas autoridades, son treinta y tres: once para cada uno de los tres mundos. Deva y Deus proceden de la raíz *div*, que significa 'resplandecer'.

2) La condición de hombre. Ésta es la más difícil de lograr. Una parábola nos habla de una tortuga que habita en el fondo del mar y asoma la cabeza cada cien años y de un anillo que flota en la superficie; tan improbable es que la tortuga ponga la cabeza en el anillo como que un ser, después de la muerte, encarne en un cuerpo humano. Esta parábola nos insta a no desaprovechar nuestra humanidad, ya que sólo los hombres pueden alcanzar el *nirvana*.

3) La condición de *asura*. Los *asuras* son enemigos de los *devas* y parcialmente corresponden a los gigantes de la mitología escandinava y a los titanes griegos. Una tradición los hace nacer de la ingle de Brahma; se cree que habitan bajo tierra y que tienen sus reyes propios. Afines a los *asuras* son los *nagas*, serpientes de rostro humano que moran en palacios subterráneos, donde conservan los libros esotéricos del budismo.

4) La condición animal. La zoología budista los clasifica en cuatro especies: los que no tienen pies, los que tienen dos pies, los que tienen cuatro pies y los que tienen muchos pies. Los *jatakas*[1] refieren vidas anteriores del Buddha en cuerpos de animales.

5) La condición de *preta*. Son réprobos atormentados por el hambre y la sed; su vientre puede ser del tamaño de una montaña y su boca como el ojo de una aguja. Son negros, amarillos o azules, llenos de lepra y sucios. Algunos devoran chispas, otros quieren devorar su propia carne. Suelen animar los cadáveres y merodear por los cementerios.

6) La condición de ser infernal. Sufren en lugares subterráneos, pero también pueden estar confinados en una roca, un árbol, una casa o una vasija. El Juez de

---

1 Fábulas sobre las reencarnaciones del Buddha.

las Sombras habita en el centro de los infiernos y pregunta a los pecadores si no han visto al primer mensajero de los dioses (un niño), al segundo (un anciano), al tercero (un enfermo), al cuarto (un hombre torturado por la justicia), al quinto (un cadáver ya corrompido). El pecador los ha visto, pero no ha comprendido que eran símbolos y advertencias. El Juez lo condena al Infierno de Bronce, que tiene cuatro ángulos y cuatro puertas; es inmenso y está lleno de fuego. Al fin de muchos siglos una de las puertas se entreabre: el pecador logra salir y entra en el Infierno de Estiércol. Al fin de muchos siglos puede huir y entra en el Infierno de Perros. De éste, al cabo de siglos, pasará al Infierno de Espinas, del que regresará al Infierno de Bronce.

DOCTRINAS BUDISTAS

LA RUEDA DE LA LEY

En el Sermón de Benares, predicado en el Parque de las Gacelas, el Buddha condena la vida carnal, que es baja, innoble, material, indigna e insensata, y la vida ascética, que es indigna, insensata y dolorosa. Predica una Vía Media: el Sagrado Óctuple Sendero, al que conducen las Cuatro Nobles Verdades.

Estas verdades son: el sufrimiento, el origen del sufrimiento, la aniquilación del sufrimiento y el camino que lleva a la aniquilación del sufrimiento, o sea el Óctuple Sendero. Deussen observa que el cuarto miembro de la serie ha sido agregado artificialmente a los otros, ya que, como se ha dicho, la cuarta Noble Verdad no es otra cosa que el Óctuple Sendero. Deussen opina que en el Parque de las Gacelas se habló del Óctuple Sendero y que la doctrina de las Verdades es una adición ulterior. Según Kern, las Cuatro Verdades aplican al problema cósmico una antigua fórmula médica y corresponderían a la enfermedad, al diagnóstico, a la curación y al tratamiento.

¿Qué es el sufrimiento? El Buddha responde: "Es nacer, envejecer, enfermarse, estar con lo que se odia, no estar con lo que se ama, desear y anhelar y no conseguir".

¿Cuál es el origen del sufrimiento? El Buddha responde: "Es la Sed (*Trishna*) que lleva de reencarnación en reencarnación acompañada de deleites sensuales y que, ya en un punto, ya en otro, quiere saciarse". La Sed del Buddha corresponde a la Cosa en Sí de Schopenhauer, la Voluntad; también al *élan vital* de Bergson, a la *life force* de Bernard Shaw. El Buddha y Schopenhauer condenan la Voluntad y la Sed; Bergson y Shaw afirman el *ímpetu vital* y la *fuerza vital*.

¿Qué es la aniquilación del sufrimiento? El Buddha responde: "Es la aniquilación de esa Sed que lleva de reencarnación en reencarnación, acompañada de deleites sensuales y que, ya en un punto, ya en otro, quiere saciarse". El nombre técnico de esa aniquilación es Nirvana, concepto que se estudiará más adelante.

¿Cuál es el camino que lleva a la aniquilación del sufrimiento? El Buddha responde: "Es el Sagrado Óctuple Sendero: recto conocimiento, recto pensamiento, rectas palabras, rectas obras, recta vida, recto esfuerzo, recta consideración y recta meditación". Estas normas integran una Vía Media, equidistante de la vida carnal y de la vida ascética, de los excesos del rigor y de los excesos de la licencia.

La doctrina, observa Köppen, no es dogmática ni especulativa; es moral y práctica. Lo confirman las palabras del mismo Buddha: "Así como el océano tiene un solo sabor, el sabor de la sal, esta doctrina tiene un solo sabor, el sabor de la salvación". Los ocho abstractos términos del Sendero han sido interpretados de diversa manera por los comentadores. El término inicial ha sido traducido por 'fe, comprensión, opiniones, conocimiento'; el penúltimo, por 'atención, concentración, vigilancia, memoria' (ésta, según Köppen, se refiere al diario ejercicio de recordar los actos ejemplares del maestro). La justa o recta concentración es el éxtasis, la etapa más alta. A primera vista, tales divergencias son alarmantes, pero no impiden una visión general del sistema. No hay que olvidar, por lo demás, que una recta comprensión intelectual de la doctrina es harto menos importante que el hecho de asimilarla y vivirla.

Famoso es asimismo el Sermón del Fuego, predicado a mil ermitaños en Uruvela. "Todo, oh discípulos, está en llamas. La vista, oh discípulos, está en llamas, lo visible está en llamas; el sentimiento que nace del contacto con lo visible, ya sea dolor, ya alegría, ya ni dolor ni alegría, está asimismo en llamas. ¿Qué fuego lo inflama? El fuego del deseo, el fuego del odio, el fuego de la ignorancia; el nacimiento, la vejez, la muerte, las penas, las quejas, el dolor, el pesar, la desesperación: tales son mis palabras". Lo que se ha dicho de la vista se aplica después al oído, al olfato, al gusto, al tacto y a la conciencia. La segunda parte del sermón repite el esquema: "Sabiendo eso, oh discípulos, un sabio, un noble oyente de la doctrina rechazará lo visible, rechazará la percepción de lo visible; rechazará el contacto con lo visible, ya sea dolor, ya alegría, ya ni dolor ni alegría". A la vista siguen fatalmente el oído, el olfato, el gusto, el tacto y la conciencia. El sermón concluye con estas palabras: "Rechazado todo esto, un sabio, un noble oyente estará libre de deseos; libre de deseos, estará salvado; salvado, se elevará en él esta convicción: Estoy libre; todo nuevo nacimiento está aniquilado, alcanzada la santidad, el deber cumplido; no volveré aquí abajo. Tal es el conocimiento que posee".

También Heráclito de Éfeso recurre al símbolo del fuego para significar que el mundo es efímero y doloroso.

EL PROBLEMA DEL NIRVANA

Afirmar que la fascinación ejercida por el budismo sobre las mentes y las imaginaciones occidentales procede de la palabra *nirvana* es una exageración evidente que encierra una partícula de verdad. Parece imposible, en efecto, que esa palabra tan sonora y tan enigmática no incluya algo precioso. Los literatos europeos y americanos la han prodigado, raras veces en la acepción originaria; bástenos recordar a Lugones, que la usa para significar la apatía o la confusión:

Vago pavor lo amilana
y va a escribirle por fin
desde su informe nirvana...

Menos eufónica es la forma pali *nibbana* o la china *ni-pan*. *Nirvana* es la palabra sánscrita que, etimológicamente, vale por 'apagamiento', 'extinción'; también cabría traducir 'el extinguirse' o 'el apagarse'. La palabra es apta, ya que los textos clásicos del budismo suelen comparar la conciencia con la llama de una lámpara, que es y no es la misma en distintas horas de la noche.

El Buddha no acuñó esta voz; también los jainistas la usan. En el *Mahabharata* se habla de Nirvana y, varias veces, de *brahmanirvanam*, extinción en Brahma. La locución "apagarse en Brahma", "apagarse en la divinidad", puede sugerir una gota que se pierde en el océano o una chispa que desaparece en el fuego cósmico: Deussen observa que, para los hindúes, el alma individual es todo el océano y todo el fuego. En muchos pasajes, Nirvana es sinónimo de Brahma y de felicidad; apagarse en Brahma es intuir que uno mismo es Brahma.

En cambio, el budismo niega, adelantándose a Hume, la conciencia y la materia, el objeto y el sujeto, el alma y la divinidad. Para las *Upanishadas*,[1] el proceso cósmico es el sueño de un dios; para el budismo, hay un sueño sin soñador. Detrás del sueño y bajo el sueño no hay nada. El Nirvana es la única salvación.

Los primeros investigadores europeos acentuaron el carácter negativo del Nirvana; el P. Dahlmann lo llamó "abismo de ateísmo y de nihilismo"; Burnouf lo tradujo *anéantissement*, 'aniquilación'; Schopenhauer, que tanto ha influido en las interpretaciones occidentales de la doctrina del Buddha, considera que Nirvana

---

1 Tratados filosóficos y teológicos basados en los Vedas, que los interpretan y comentan.

es un eufemismo de la palabra *nada*. "Para quienes ha muerto la voluntad, este nuestro universo tan real con todas sus vías lácteas y soles es, exactamente, la nada." Rhys Davids, entre otros, recuerda que el Nirvana es un estado que puede lograrse en esta vida y consiste, no en la extinción de la conciencia, sino de los tres pecados capitales: la sensualidad, la malevolencia y la ignorancia. Pischel habla de la extinción de la Sed, *Trishna*. Alcanzado el Nirvana, antes de la muerte, las acciones del santo ya no proyectan *karma* alguno; puede prodigar bondades o cometer crímenes y éstos no engendran recompensa ni castigo, ya que está libre de la Rueda y no renacerá.

El Buddha, bajo la higuera sagrada, logró el Nirvana; cuarenta años después, cuando murió para siempre su cuerpo físico, el *parinirvana* o *nirvana pleno*. Lógicamente, el universo debería cesar para el redimido desde el momento en que éste comprende su naturaleza ilusoria. Después de la tremenda revelación, debería morir, como mueren quienes han visto a Dios cara a cara (Jehová, en el Sinaí, le dijo a Moisés: "No podrás ver mi cara, pues nadie podrá verme y vivir"). En los textos del Vedanta se lee que el hombre sigue viviendo después de la revelación, como sigue girando el torno del alfarero una vez concluida la vasija. Vive por el impulso de los actos que ha ejecutado antes de la revelación; los ejecutados después no tendrán conse-cuencias. Sigue viviendo el *jivan-mukti* (el salvado en vida) como quien sueña y sabe que sueña y deja fluir el sueño. Sankara propone esta ilustración: "Como el hombre de ojos enfermos no ve una luna sino dos, pero sabe que hay una, así el hombre salvado sigue perci-biendo el mundo sensorial pero sabe que es falso".

Dahlmann cita un pasaje épico: "Éxito y fracaso, vida y muerte, placer físico y dolor físico; no soy amigo ni enemigo de esas ficciones". En los *tantras*, textos que corresponden a una degeneración del budismo en el si-glo IX, hay reducciones al absurdo del pasaje anterior: "Para él, una brizna de paja es como una joya... un manjar, como el barro; un himno de alabanza, como una injuria; el día, como la noche; lo visto, como lo so-ñado; la madre, como una perdida; el placer, como el dolor; el cielo, como el infierno; el mal, como el bien".

Los neófitos se preparan para el Nirvana mediante cotidianos ejercicios de irrealidad. Al andar por la ca-lle, al conversar, al comer, al beber, deben reflexionar que esos actos son pasajeros e ilusorios y que no presu-ponen un actor, un sujeto durable.

Para los místicos judíos, cristianos e islámicos, las imágenes que corresponden al éxtasis son, por lo co-mún, de índole paternal o nupcial; para el budismo, el Nirvana es "puerto de refugio, isla entre los torrentes, fresca gruta, otra orilla, ciudad sagrada, panacea, ambrosía, agua que aplaca la sed de las pasiones, orilla en que se salvan los náufragos del río de los ciclos". En *Las preguntas del Rey Milinda* se lee que el Nirvana es intemporal y que los sentidos no pueden percibirlo. Si bien llegamos a él mediante una serie de causas, el Nirvana las antecede y existe fuera de ellas. También son inefables su medida y su duración. Hermann Oldenberg observa que los budistas lo conciben metafísicamente como un lugar donde los redimidos descansan; se dice "entrar en el Nirvana". En *Las preguntas del Rey Milinda* está escrito que así como los ríos entran en el mar y el mar no se llena, los seres van entrando en el Nirvana sin colmarlo jamás. Cabe recordar la sentencia análoga del Eclesiastés: "Los ríos todos van a la mar y la mar no se hinche", según la versión de Cipriano de Valera.

Quizás el enigma del Nirvana sea idéntico al enigma del sueño; en las *Upanishadas* se lee que los hombres en el sueño profundo son el universo. Según el Sankhyam, el estado del alma en el sueño profundo es el mismo que alcanzará después de la liberación. El alma libertada es como un espejo en el que no cae reflejo alguno.

El investigador austríaco Erich Frauwallner (*Geschichte der indischen Philosophie*, Salzburgo, 1953) ha renovado nuestro concepto del Nirvana mediante el estudio del significado de esta palabra en la época del Buddha. Sabemos ya que Nirvana significa 'extinción'. Para nosotros, la extinción de una llama equivale a su aniquilamiento; para los hindúes, la llama existe antes de que la enciendan y perdura después de apagada. Encender un fuego es hacerlo visible; apagarlo, es hacerlo desaparecer, no destruirlo. Lo mismo ocurre con la conciencia, según el Buddha: cuando habita el cuerpo la percibimos; cuando muere el cuerpo desaparece, pero no cesa de existir. Al hablar del Nirvana, el Buddha usa palabras positivas; habla de una esfera del Nirvana y de una ciudad del Nirvana.

El aprendizaje del Nirvana es lo esencial de la doctrina predicada por el Buddha. Éste había logrado el conocimiento de todos los misterios del universo, pero lo que se propuso enseñar fue el medio de librarse del Samsara o mundo aparencial. Los textos hablan de la doctrina del puño cerrado, que guarda la sabiduría universal, y de la mano abierta, que prodiga las verdades que necesitamos. Una tradición refiere que el Buddha mostró una hoja a sus discípulos y les dijo que la relación entre esa hoja y los millares que poblaban los árboles de la selva era la misma que existía entre lo enseñado por él y sus infinitos conocimientos. Bastaba al discípulo conocer el camino de su liberación; de ahí la parábola de la flecha, a la que nos hemos referido en un capítulo anterior.

EL GRAN VEHÍCULO

La voluntad de ser leal, siquiera nominalmente, a un maestro; la ventaja de autorizar ideas nuevas con viejos nombres respetados; la oscura convicción de que en los sistemas la tendencia general es lo que importa, han motivado la atribución de doctrinas secretas a algunos pensadores famosos. De Aristóteles se dijo que por la mañana confiaba sus pensamientos íntimos a unos pocos alumnos; por la tarde, comunicaba a un grupo más amplio una versión popular. La primera doctrina era la esotérica; la otra, la exotérica. Lo mismo ocurre con Pitágoras y con Platón y, también, con el Buddha.

Poco antes de morir, el Buddha se limita a repetir a uno de sus discípulos la doctrina habitual, pero, además de lo enseñado en la Tierra, se le atribuyó una doctrina esotérica predicada por él en el cielo y conservada en los archivos subterráneos de los Nagas, que la revelaron a Nagarjuna en el siglo II de la era cristiana (150 d.C.). De esta doctrina nihilista surge el Mahayana.

El Buddha, como Cristo, no se propuso nunca fundar una religión. Su finalidad fue la salvación personal de un grupo de monjes que creían en la reencarnación y querían evitarla. El poeta francés Leconte de Lisle formuló, acaso sin saberlo, ese anhelo de aniquilación:

Délivre-nous du Temps, du Nombre et de l'Espace,
et rends-nous le repos que la vie a troublé.[1]

Pero la voluntad de no ser tiene menos de promesa que de amenaza para casi todos los hombres. Toda religión debe adaptarse a las necesidades de sus fieles y el budismo, para sobrevivir, se resignó a lo largo del tiempo a profundas y complejas modificaciones. Mahayana quiere decir 'Gran Vehículo'; la doctrina primitiva recibió el nombre de Pequeño Vehículo o Hinayana. Estas metáforas se refieren al caso de un incendio hipotético, del cual una persona se salva sola, en un carrito tirado por una cabra, mientras otra salva

---

1 Líbranos del Tiempo, del Número y del Espacio / y devuélvenos el reposo que la vida ha turbado.

a una multitud en un carromato conducido por bueyes. La pregunta se plantea de este modo: ¿Cuál de las dos es más meritoria? Evidentemente, la segunda. El Mahayana propone a cada uno de sus adeptos la posibilidad, por cierto remota, de ser un Buddha al cabo de innumerables transmigraciones y de salvar a muchos; este largo proceso ofrece a los devotos la perspectiva de una serie de vidas, cada una de las cuales va aproximándose, sin mayor premura, al Nirvana. Mediante este artificio, la meta de la aniquilación se concilia con la voluntad de vivir. El Mahayana no exige de la mayoría de los fieles una transformación inmediata de los hábitos cotidianos.

Según ciertos autores, ya se habría producido el cisma antes del reinado del famoso emperador Asoka (264-228 a.C.), que se convirtió a la fe del Buddha, pero no recurrió nunca a las armas para imponerla. Las guerras religiosas son privativas del judaísmo y de sus ramas —la fe de Cristo y el Islam—, que han heredado ese método de conversión. En Oriente, un individuo puede profesar a la vez diversas religiones, que no se estorban y cuyas ceremonias conviven.

Una de las mayores dificultades para la exposición del Mahayana es que su mecanismo lógico es abrumadoramente complejo y abunda en negaciones, afirmaciones, divisiones y subdivisiones y que el resultado a que llega es la negación de la lógica, ya que su índole es mística. Usa y abusa de la lógica para la demolición de la lógica.

Ambos Vehículos tienen en común: las tres características del ser (impermanencia o fugacidad, sufrimiento e irrealidad del Yo), las Cuatro Nobles Verdades, la transmigración, el *karma* y la Vía Media. El Mahayana se distingue por el idealismo absoluto. El universo nos presenta continuamente formas, colores, olores, sonidos, sensaciones térmicas y espaciales, pero detrás de esas apariencias no hay nada. El universo es ilusorio: vivir es, precisamente, soñar. Shakespeare dirá mucho después:

We are such stuff as dreams are made on[1]

(Tempest, IV 1).

Berkeley y Schopenhauer razonaron más tarde esa filosofía de carácter onírico. El Samsara (el proceso de las infinitas transmigraciones) ya es el Nirvana; todos llegaremos al Nirvana al adquirir conciencia de ese estado y cada brizna de pasto alcanzará la condición del Buddha. Mientras tanto, recorreremos las seis posi-

---

1   Estamos hechos de la materia de los sueños.

bilidades del ser, con la seguridad de ascender a la dignidad de los Devas y morar en paraísos.

La meta del budismo primitivo, dirigido a unos pocos monjes, fue la aniquilación, la firme voluntad de no reencarnarse, al morir, en un cuerpo distinto; la de Mahayana es retardar ese proceso en un orbe soñado, alucinatorio, pero no siempre desagradable. El ideal del Buddha ha sido reemplazado por el del Bodhisattva, un hombre que se propone llegar a Buddha al cabo de innumerables encarnaciones.

El Buddha había exhortado a sus discípulos a esforzarse por labrar su propia salvación; el Mahayana, en cambio, insiste en el poder de la gracia. El mérito se adquiere no sólo mediante el Óctuple Sendero, sino por la repetición del nombre del Buddha, por las ofrendas, por la oración, por la firmeza en la fe, por la meditación sobre los reinos que serán nuestros en el largo camino.

Como los gnósticos alejandrinos, que negaron la humanidad corporal de Cristo por no atribuirle las miserias de la fisiología y declararon que un fantasma había sido crucificado en su lugar, los teólogos del Mahayana piensan que el Buddha histórico fue una proyección del Buddha celeste (Dhyam Buddha) y que fue su fantasma el que bajó a la Tierra y predicó la ley. El Dhyam Buddha sería, de este modo, una suerte de arquetipo platónico. El nombre del Dhyam Buddha de Gautama es Amitabha, que significa 'Ilimitada Luz'. Cada Dhyam Buddha tiene un Bodhisattva y un Buddha terrestre.

Al principio, los maestros del Hinayana y del Mahayana moraban y enseñaban en los mismos monasterios. Largas discusiones teológicas llevarían a influencias recíprocas, que ya no podemos desentrañar, y entre uno y otro hubo escuelas de transición.

El más famoso de los maestros del Mahayana, Nagarjuna el nihilista, reunió a sus prosélitos en Nalanda, en el sur de la India; después, como veremos, la doctrina se extendería a otros países asiáticos.

El Mahayana enseña la total irrealidad del universo; el Hinayana cree que los elementos o *skandhas*, que componen las transitorias apariencias, son reales. Para el Mahayana, el monje y el Nirvana que anhela son parejamente ilusorios. Los opositores argumentaron que, si todo es nada, no hay Cuatro Verdades, ni Óctuple Sendero, ni *karma*, ni transmigración, ni orden monástica, ni Buddha; Nagarjuna a su vez les replicó que son dos las verdades: una, convencional, que se sirve de los cotidianos fenómenos de la "vida real"; otra, absoluta, sin la cual el Nirvana es inalcanzable. Compara el universo con los espejismos, con los ecos y con los sueños. Debemos despojarnos del odio y del amor,[1] de las cavilaciones, del apego, y ver los hechos como los ve el firmamento, que también es vacío. Nagarjuna redujo la Vía Media a las siguientes negaciones: no hay aniquilación, no hay generación, no hay destrucción, no hay permanencia, no hay unidad, no hay pluralidad, no hay entrada, no hay salida.

Ambas escuelas niegan la causalidad: un hecho simplemente sucede a otro sin influencia del anterior. El individuo, como tal, no existe. No hay un alma, pero hay el *karma*, que pasa de transmigración a transmigración.

Dado el budismo, era casi inevitable que éste arribara al nihilismo de Nagarjuna. Cabe citar la frase de David Hume: "Cuando razono soy un filósofo; en mi vida cotidiana debo aceptar que hay un Yo, un mundo interno y un mundo externo".

El Hinayana afirma que en el Nirvana desaparecerán la vista, el tacto, el olfato, el gusto y la audición y compara al elegido con una lámpara apagada. Nagar-

---

1   Recordemos la estrofa de Fray Luis:
    Vivir quiero conmigo,
    gozar quiero del bien que debo al cielo,
    a solas, sin testigo,
    libre de amor, de celo,
    de odio, de esperanzas, de recelo.

juna declara que lo que no existe no puede desaparecer ni continuar. El Nirvana equivale a la concepción de que nada existe; el Samsara ya es el Nirvana y se identifica con el principio absoluto que hay detrás de las apariencias. El hombre que sabe que no es ha alcanzado el Nirvana; el vasto universo astronómico no es menos irreal que ese hombre. Quien se confunde con los otros y con todo lo otro ya ha logrado la meta.

Se niega la posibilidad de todo proceso. En el capítulo segundo de su tratado, Nagarjuna escribe:

En lo andado ya no hay andar,
en lo por andar aún no hay andar;
sin lo andado y sin lo que está por andar, no hay un
andar.

Radhakrishnan traduce:

No estamos recorriendo el trecho que ya hemos recorrido.
No estamos recorriendo el trecho que aún falta recorrer.
Un trecho no recorrido ni por recorrer es incomprensible.

Análogamente, Zenón de Elea, discípulo de Parménides, negó que una flecha pudiera llegar a la meta, ya que está inmóvil en cada uno de los instantes de su trayecto y una serie de inmovilidades, aunque infinita, no será nunca un movimiento. Cuatro siglos antes de Cristo, Diodoro Cronos negó que un muro pueda demolerse: cuando los ladrillos están unidos el muro está en pie, cuando ya no lo están, el muro no existe. Tales argumentos no son laboriosas trivialidades: Diadoro Cronos, Zenón de Elea y Nagarjuna querían demostrar que la realidad es inconcebible y, por consiguiente, ilusoria.

Nagarjuna parece haber estado poseído por la necesidad de negar. Todos sus predecesores habían reiterado la omnisciencia del Buddha; él, en cambio, escribe: "Si hubiera tantos Ganges como hay granos de arena en el Ganges, y otra vez tantos Ganges como granos de arena en los nuevos Ganges, el número de granos de arena sería menor que el número de cosas que ignora el Buddha". En uno de los tratados, que se titula *Ápice de la Sabiduría*, se lee que todo, para el sabio, es mera vacuidad, mero nombre; también es mera vacuidad y mero nombre el *Ápice de la Sabiduría*.

El Hinayana propone como ideal el Arhat, el santo, el hombre cuyos actos, palabras y pensamientos no proyectan un *karma*; el hombre que no volverá a encarnar y que, al morir, entrará en el Nirvana. Tiene poderes mágicos: oye y comprende todos los sonidos del universo, ve todo, recuerda sus infinitas vidas anteriores. El Gran Vehículo, en cambio, propone el

Bodhisattva, el hombre, ángel o animal destinado a ser Buddha al cabo de incontables siglos, de millares de nacimientos, vidas y muertes. Debe ejercer, en cada etapa, la compasión; una leyenda afirma que, en una de sus vidas anteriores, el futuro Buddha dio su cuerpo a un tigre para saciar el hambre del animal.

Hay una carrera intermedia, la del Pratyeka Buddha, el santo solitario que, sin ayuda de maestros, llega a ser Buddha, pero que no puede comunicar su iluminación. Los textos lo comparan a un mudo que ha soñado un sueño importante; también al rinoceronte que anda solitario en las selvas.

Aceptada la doctrina de muchos Buddhas, se procedió a inventariarlos y a dotarlos de nombres. Se llegó asimismo a admitir la coexistencia de infinitos Buddhas en los infinitos mundos del universo. Los de nuestro planeta nacen invariablemente en la India, de casta de brahmanes o de guerreros, y logran, al pie de un árbol sagrado, su redención. Según el mundo al que pertenecen, son de estatura diversa y logran diversas edades. Algunos son longevos y gigantescos, pero todos tienen treinta y dos estigmas y ciento ocho marcas en cada pie. Todos predican la misma ley.

Uno de los anhelos del Mahayana es la fraternidad de todos los hombres. El próximo Buddha se llamará Maitreya y vendrá al mundo en el año 4457 de la era cristiana. Su nombre significa 'el Compasivo', 'el Lleno de Amor'. Ahora está en el cielo, pero en la Tierra hay libros sagrados revelados por él. Abundan sus imágenes; a principios del siglo VII el peregrino chino Hsuang Tsang vio, en un valle de la India, una estatua colosal labrada en madera y dorada; el artífice había subido al cielo tres veces para estudiar los rasgos del Redentor.

Las leyendas pictóricas parecen típicas de Maitreya; Hsuang Tsang refiere que en un templo necesitaban una imagen suya y que al cabo de muchos años un desconocido se comprometió a pintarla, a condición de que le trajeran una lámpara y una pala de tierra olorosa y cerraran la puerta. Pasaron varios días. Los sacerdotes entraron; el hombre había desaparecido y en el santuario estaba la imagen del Buddha. Uno de los sacerdotes soñó que el hombre era Maitreya.

EL LAMAÍSMO

El lamaísmo es una curiosa extensión teocrática, je-
rárquica, política, económica, social y demonológica
del Mahayana. El Buddha había predicado su ley en
el norte de la India, a orillas del Ganges; el lamaísmo logra su apogeo en el Tibet y en el siglo XIV de
nuestra era. Su afinidad con la iglesia católica ha sido
señalada por Rhys Davids y por casi todos los exposi-
tores del tema.

Los comunistas llegaron al poder en la China en
1949 y no tardaron en ocupar el Tibet; pese al tratado
por el cual se comprometían a respetar la tradición religiosa, fueron aboliendo todas las instituciones de la vieja
cultura. El Dalai-Lama huyó a la India y lo siguieron
muchos de los fieles, que hoy constituyen en Darjeeling
la única población que conserva la antigua fe.

En el Hinayana no hay sacerdotes, hay monjes; el lamaísmo, en cambio, nos muestra una vistosa jerarquía cuyas dos cabezas —el Dalai-Lama o Glorioso Rey y el Pantchen-Lama o Glorioso Maestro— ejercieron, como los Papas medievales, el poder temporal y espiritual. Naciones bárbaras como los tibetanos y los mogoles eran incapaces de conformarse con las Cuatro Nobles Verdades y con la rígida austeridad del Óctuple Sendero; fue preciso atraerlos con las pompas de la liturgia, los complejos ritos, la manipulación de rosarios, la incorporación de divinidades locales y de las antiguas prácticas mágicas que era difícil o imposible desarraigar. Bernard Shaw ha escrito que la conversión de un negro del Congo a la fe de Cristo es la conversión de la fe de Cristo en un negro del Congo; parejamente, los tibetanos retuvieron su creencia en los espíritus de la naturaleza y de los muertos. Por lo demás, este sincretismo fue facilitado por la índole mágica y politeísta del Mahayana.

Hasta que el budismo fue sustituido por esa otra religión, el comunismo, buena parte de la población tibetana seguía la carrera monástica. Por lo general, cada familia entregaba uno de los hijos varones al monasterio más próximo; el neófito, que contaba ocho o nueve años, era instruido en los misterios eclesiásticos por un maestro hasta que se lo admitía como novicio, grado del que muy pocas veces pasaba para profesar como monje. La cuarta jerarquía era la de abad y comportaba dignidad, respeto y poder.

Se cree que el Dalai-Lama, al morir, se encarna en un niño, generalmente de clase humilde y que, para mayor comodidad, crece en el vecindario del monasterio. Es descubierto por oráculos e instalado en el trono. La preferencia otorgada a la clase humilde no fue una superstición democrática: corresponde a la precaución de que las familias poderosas no se entrometieran en los intereses de la orden. De tal modo, se entiende que el Dalai-Lama es, de generación en generación, siempre el mismo individuo, que a su vez es la forma terrenal de Avalokitésvara. La invocación mágica *Om mani padme hum* (¡Oh, la hoja en el loto!), dirigida especialmente al Dalai-Lama, significa la disolución de aquel que se muere, imaginado como la gota de rocío sobre una hoja de loto que se pierde en el mar.

El conjunto de las deidades adoradas en el Tibet incluye a los Buddhas y a sus discípulos ilustres, los Bodhisattvas, al filósofo del nihilismo Nagarjuna y una horda inextricable de divinidades menores: los príncipes demoníacos de terrible aspecto; los cuatro guardianes de los puntos cardinales; Yama, juez de los muertos y señor de los infiernos, cuyos emblemas son la calavera y el falo, y los espíritus que personifican fuerzas naturales.

La propagación del budismo en el Tibet representó un progreso moral: el extraño concepto de que las buenas acciones tendrían su recompensa después de la muerte y las malas recibirán su castigo. Con mejor lógica que el budismo ortodoxo, el lamaísmo no admitió la doctrina del *karma* y prefirió la de un alma individual que transmigra de generación en generación. El muerto puede renacer en este o en otro mundo, o en cualquiera de los infiernos o cielos.

Los demonios acechan en todo momento y es prudente proveerse de los talismanes y fórmulas adecuadas para ahuyentarlos, mercadería que suministran los monjes. Tampoco se descuida a los enfermos; un monje aplica la terapéutica de recitarles los Cánones Sagrados. Ciertas fórmulas, repetidas un número indefinido de veces, ahuyentan a los malos espíritus, curan a los enfermos y son previas llaves del paraíso; la más acreditada es *Om mani padme hum*. La virtud de la incantación o *mantra* reside menos en el sentido de las palabras, que a veces pertenecen a idiomas olvidados, que en el orden mágico de las letras; el lector recordará la cábala de los hebreos, que atribuyen una fuerza creadora a cada una de las letras de la escritura. Hay letras ponzoñosas, mortíferas, pendencieras, ígneas, prósperas, gratas, saludables, amistosas, neutrales, y su sabia combinación aumenta el efecto.

No hay demonio que no esté sujeto a un determinado conjuro del sacerdote.

La fórmula escrita o *mantra* no es menos eficaz que la fórmula oral. Se usa en las banderas que coronan los techos de las viviendas y de los templos, en la ropa y en amuletos; el enfermo en busca de cura la incorpora a su dieta.

Es habitual el uso de cilindros manuales llenos de *mantras*; cada vaivén o rotación equivale a una plegaria o a una acumulación de méritos. Conviene reforzar estos méritos con donaciones a los templos, al son de músicas rituales y con acompañamiento de bailes cuando el monto se juzga digno. Los ricos ofrecen joyas y metales preciosos; los pobres, manteca. Los demonios más peligrosos no aceptan dones sino ya puesto el sol.

El poder de los lamas era enorme. Abarcaba imparcialmente lo temporal y lo espiritual: la producción entera del país; la recta ejecución de la ley sin excluir la pena de muerte; el destino presente del súbdito y sus vidas futuras.

A diferencia de Swedenborg, el lamaísmo, como la doctrina cristiana, concede una decisiva importancia a la hora de la agonía. Llegada esa hora, o aun después de la muerte, un sacerdote lee al moribundo o al cadáver el libro que se llama *Bardo-Thödol* o *Liberación por el Oído*, que consta de una serie de instrucciones para el viajero en los reinos de la muerte. Una vez enterrado el cadáver, la ceremonia continúa; su duración es de cuarenta y nueve días y se ejecuta ante una efigie que representa al muerto. La efigie finalmente se quema.

Después de la muerte física, la primera etapa o primer *bardo* es de sueño profundo y dura cuatro días; brilla luego una luz resplandeciente que deslumbra al alma y sólo entonces sabe que ha muerto. Si ya ha logrado la salvación, esta luminosa etapa es la última; el sacerdote lo exhorta así: "Tu propia inteligencia, que ahora es el Vacío, pero que no debes considerar como el vacío de la Nada sino como la inteligencia misma, sin traba, resplandeciente, estremecida y venturosa, *es* la conciencia, el Buddha perfecto". Luego le aconseja que medite sobre su divinidad tutelar, como si fuera el reflejo de la luna en el agua, visible pero inexistente.

Si es indigna de esa luz, el alma se retrae y entra en el segundo *bardo*. El muerto ve que lo desnudan, que barren la habitación y oye los lamentos de sus deudos, pero no puede responderles. En este estado, experimenta visiones: primero aparecen divinidades benéficas y luego divinidades iracundas cuya forma es monstruosa. El sacerdote le advierte que tales formas son emanaciones de su propia conciencia y no tienen realidad objetiva.

Durante siete días verá siete divinidades pacíficas, que irradian cada cual una luz de distinto color; paralelamente, ve otras luces que corresponden a los mundos en que el alma puede reencarnar, incluso el de los hombres. El monje le aconseja elegir la luz de cada divinidad y rehuir las otras que lo tientan a proseguir el Samsara; entiéndase bien que las divinidades y las luces proceden del sujeto y del *karma* acumulado por él. A partir del octavo día se presentan las deidades iracundas, que son las anteriores bajo otro aspecto. La primera tiene tres cabezas, seis manos, cuatro pies; está envuelta en llamas, exornada de cráneos humanos y de serpientes negras; las manos derechas blanden una espada, un hacha y una rueda; las izquierdas, una campana, un arado y una calavera en la que bebe sangre.

El día decimocuarto aparecen las cuatro guardianas de los cuatro puntos cardinales con cabeza de tigre, de cerdo, de serpiente y de león; el norte, el sur, el este y el oeste emitirán después otras divinidades zoomórficas. Todas estas formas son gigantescas.

Ante el Señor de la Muerte, ocurre al fin el juicio del alma. Con cada hombre han nacido un genio tutelar y un genio malvado; el primero cuenta sus actos buenos con guijarros blancos; el segundo, los malos con guijarros negros. En vano el alma trata de mentir; el juez consulta el Espejo del Karma, que refleja

vívidamente todo el proceso de su vida. El Señor de la
Muerte es la conciencia; el Espejo del Karma, la memoria.

Reconocido el carácter alucinatorio del extenso
proceso el muerto sabe cuál será su reencarnación ulterior. Los que logran el Nirvana ya se han salvado
en las etapas iniciales. El curioso lector que quiera
explorar el largo camino del alma puede consultar
The Tibetan Book of the Dead de W. Y. Evans Wentz,
que incluye un prólogo de Jung. El nombre del libro
fue sugerido por *El libro de los Muertos* egipcio. Otro
texto místico tibetano, de lectura más fácil, es el poema que se titula *La ley del Buddha entre las aves, guir-
nalda preciosa*.

La idea de una asamblea de pájaros (sugerida acaso por las simultáneas voces de pájaros en los cre-
púsculos de la noche y de la mañana) figura en las
literaturas de Grecia, de Persia, de Inglaterra y del
Indostán. La tradición refiere que el Buddha predicó
su ley a los dioses, a las serpientes, a los demonios, a
los hombres, en todos los lenguajes del universo; en el
poema mencionado, un Bodhisattva, Avalokitésvara,
se convierte mágicamente en un cuclillo y adoctrina
a las aves del Tibet y de la India. El buitre, la grulla, el ganso, la paloma, el grajo, la lechuza, el gallo,
la alondra, el tordo, el cernícalo y el pavo real decla-

ran la amargura y la incertidumbre de toda vida. El cuclillo, a instancias del loro, "diestro en el arte de hablar", les repite que nada hay en el universo que no sea fugaz e ilusorio. Los palacios de piedra tienen su cimiento en el aire; los encuentros de amigos y de parientes son como encuentros de viajeros que comparten el pan con desconocidos; los cuerpos son efímeros como nubes; el tornasolado plumaje del pavo real es como la espuma que dispersa el viento; nacer y morir es soñar que se nace y que se muere; los Buddhas que redimen el universo son los Buddhas de un sueño. Las aves, edificadas por esta prédica, prometen reformar sus costumbres, salvo el milano y el cuervo, que están empedernidos en el mal.

En una de las estrofas, el gallo dice:

Mientras viváis en este mundo del Samsara, no tendréis dicha duradera.
La ejecución de asuntos mundanales no tiene fin.
En la carne y la sangre no hay permanencia.
Mara, Señor de la Muerte, nunca está ausente.
El hombre más rico parte solo.
Estamos obligados a perder a aquellos que amamos.
Dondequiera que miréis, nada substancial hay allí.
¿Me comprendéis?

También Francisco de Asís predicó a los pájaros, pero se limitó a recordarles la gratitud que debían al Señor, que les había dado "vestido doblado y triplicado y libertad para ir a todas partes".

EL BUDISMO EN LA CHINA

La historia del budismo en el Celeste Imperio es harto compleja. Hasta es incierta la fecha de su introducción. Una leyenda la atribuye al primer siglo de la era cristiana: el emperador Ming-Ti habría soñado con un luminoso hombre de oro en quien creyó reconocer al Buddha; envió emisarios a la India para traer monjes que predicaran su fe. Según otras versiones, la doctrina del Buddha ya era conocida en la China tres siglos antes y había llegado del norte de la India a través del Asia Central.

En la China, el budismo tuvo que enfrentarse con una cultura secular firmemente arraigada en los libros canónicos de Confucio y con el taoísmo fundado por su contemporáneo Lao Tse. Ambos corresponden al siglo VI antes de nuestra era. El confucianismo es menos una religión que un sistema ético y social; el taoísmo enseña, como el budismo, la irrealidad del universo. Es famosa la parábola de Chuang-Tzu, otro de sus maestros: "Chuang-Tzu soñó que era una mariposa y no sabía, al despertar, si era un hombre que había soñado ser una mariposa o una mariposa que ahora soñaba ser un hombre".

Pese a tantos obstáculos, la fe del Buddha llegó a su auge en el siglo VI de la era cristiana; los textos palis del *Tripitaka* fueron traducidos y muchos misioneros llegaron del Indostán. Cuando en el año 526 el patriarca Bodhidharma arribó a la China, el emperador se jactó de los numerosos monasterios que había fundado y de la cantidad creciente de monjes; Bodhidharma le dijo que tales cosas pertenecían al mundo de las apariencias y que no había ganado ningún mérito. Luego, se retiró a meditar. Según una leyenda, pasó nueve años en silencio ante un muro, donde quedó impresa su imagen. Fundó la secta de la meditación (Ch'an) que daría origen en el Japón al budismo Zen.

El budismo chino tuvo que condescender al culto de los antepasados y a la mitología en que había degenerado el taoísmo. Los chinos han exaltado siempre el concepto de la familia y no podía atraerlos el carácter monacal del budismo; para el común de la gente, los monjes eran "los zánganos de la colmena, menos útiles que el gusano de seda". Estos insectos, sin embargo, eran los únicos intermediarios entre el vulgo y los temidos dioses, y sus buenos oficios no fueron gratuitos.

Los monjes eran, por lo regular, gente ignorante reclutada entre los campesinos y tampoco recibían una instrucción general en el monasterio. A veces, las personas muy pobres vendían a sus hijos de corta edad como futuros novicios. En un país donde la cultura clásica fue un requisito indispensable para abrirse camino en la vida, el budismo no pudo gozar de prestigio entre las clases ilustradas. Asimismo lo perjudicaron su origen extranjero y la imposibilidad de fundirlo con la tradición china. Sin embargo, influyó en las costumbres, en la literatura y en las artes plásticas.

Hubo sectas que veneraron las diversas formas del Buddha; uno de los hechos más raros es la transformación de Avalokitésvara en la diosa de la misericordia, Kuan Yin, cuya imagen es muy frecuente en la iconografía.

En el Oriente, una religión no es incompatible con otras; algunas de las sectas, según se ha dicho, incorporaron elementos del taoísmo y del confucianismo. La mente china es hospitalaria; se construyeron templos que albergaban imparcialmente a las tres religiones.

Una de las novelas budistas chinas más populares, llamada *Viaje al Oeste*, refiere las fantásticas aventuras

de un mono, de un caballo y de un cerdo que peregri-
nan a la India en busca de libros sagrados. La fecha de
su composición es incierta, pero podemos atribuirla al
siglo XVI. El mono simboliza la inteligencia; el caballo,
el espíritu, y el cerdo, lo sensual. A su vuelta, descu-
bren que los textos están en blanco, ya porque les han
hecho una trampa, ya porque la Verdad es incomuni-
cable y no puede ser fijada en palabras.

Abreviamos un episodio de la versión inglesa de
Waley, titulada *Monkey*:

El Buddha le dijo al Mono: "Hagamos una apues-
ta. Si de un salto puedes salir de la palma de mi mano,
te daré el trono que ahora ocupa el Emperador de
Jade".

El Mono dio un gran salto y se perdió de vista.
Llegó a un lugar en el que había cinco pilares rosados y
pensó haber alcanzado el confín del mundo. Se arran-
có un pelo, lo convirtió en un pincel y escribió al pie
del pilar central:

El Gran Sabio, Aquel cuya sabiduría es igual al
Cielo, llegó a este sitio.

De otro salto volvió al punto de partida y le dijo
al Buddha: "He ido y he vuelto; ya puedes darme el
trono".

El Buddha contestó: "No has salido de la palma de
mi mano. Mírala bien".

El Mono miró hacia abajo y leyó, en la base del dedo medio, las palabras:

El Gran Sabio, Aquel cuya sabiduría es igual al Cielo, llegó a este sitio.

EL BUDISMO TÁNTRICO

Al estudiar el budismo tántrico o mágico, no hay que olvidar que la creencia en la magia es muy común en el Oriente y singularmente en la India. En este país abundan los hechiceros: el viajero actual cree ver a un hombre que arroja una cuerda en el aire y que trepa por ella, pero la fotografía demuestra que se trata de una alucinación sugerida por el mago.

Las fechas del budismo tántrico no son precisas, pero sabemos que éste se divide en dos escuelas, la de la Mano Izquierda y la de la Mano Derecha; ésta atribuye mayor importancia al principio masculino del universo y aquélla al femenino. Los chinos combinaron las dos, representando a cada una con un círculo mágico o *mandala*; el primero simboliza el trueno y el segundo la matriz, pero se supone que esencialmente son idénticos y representan dos aspectos de la suprema realidad. Ambas rechazan los rigores ascéticos y buscan la salvación mediante el pleno goce de los sentidos, afirmando que la prosperidad terrenal no es un obstáculo para la salvación de los hombres.

La literatura del Tantra comprende himnos, conjuros, tratados y descripciones de seres míticos, que personifican las fuerzas espirituales o mágicas utilizadas para escalar el camino de la salvación. Desde luego, los dioses son parte del Samsara, pero son mejores objetos de meditación que el mundo físico.

El budismo tántrico cree que la iluminación sólo puede obtenerse por medio de una doctrina esotérica que el maestro, el *guru*, enseña oralmente al discípulo, el *chela*, y que no podemos hallar en las escrituras sagradas. Las prácticas comprenden tres métodos: la repetición de fórmulas, los gestos y danzas rituales y la meditación que nos identifica con determinadas divinidades.

Para el Occidente, lo fundamental de las cosas es lo que tocamos y lo que vemos; para el Oriente, no es menos importante lo que oímos. Cada palabra consta de sílabas, y el sonido de cada sílaba corresponde a una divinidad que puede ser evocada por su repetida pronunciación. Estas divinidades, cuyo número y cuyo nombre son fijos, son creadas en cada caso por la palabra del que reza. El concepto de un dios generado por la plegaria corre el albur de parecernos una blasfemia, pero no hay que olvidar que los dioses, como los hombres y las cosas, pertenecen al mundo de las apariencias. Para ayudar a la imaginación existe una tradición pictórica: ciertos mandalas representan a las divinidades y otros son símbolos de los Buddhas o del universo. El iniciado se identifica con la deidad creada por el conjuro y logra sus poderes. En un texto sagrado leemos: "El que adora, el que es adorado y la plegaria son una y la misma cosa".

Para la filosofía tántrica, el mundo consta de seis elementos: la tierra, el agua, el aire, el fuego, el espacio y la conciencia. La suma de estos elementos constituye el cuerpo cósmico del Buddha, del cual el universo, incluso cada uno de nosotros, no es otra cosa que un reflejo. Las funciones, físicas y espirituales, que cumplen los organismos, son las del omnipresente cuerpo cósmico. El devoto, mediante la ejecución de acciones sagradas, se adapta a esas eternas energías y las emplea para sus propios fines, que no deben ser egoístas. Esta filosofía y las diversas y complejas mitologías derivadas de ella, culminaron, hacia el siglo X, en un sistema monoteísta que hizo del Buddha un dios creador; es evidente que tal sistema poco tiene en común con el budismo original, cuya meta esencial era el Nirvana y que se oponía a toda especulación metafísica. Recordemos las palabras de Bernard Shaw (*The Religious Speeches of Bernard Shaw*, 1965, p. 77) sobre el Impulso Vital: "Esta fuerza está continuamente tratando de obtener más poder para sí. Al producir miembros y órganos para nosotros, los está produciendo para sí misma y nunca cesa de buscar su mayor perfección. Si persiste y persiste sin demasiadas trabas, acabará por lograr algo que hoy juzgaríamos omnisapiente y todopoderoso. Dios está haciéndose".

De los dos Tantras, el de la Mano Izquierda es el más importante. He aquí sus rasgos fundamentales: el culto de deidades femeninas o *shaktis*, que comunican su virtud a los dioses que son sus cónyuges; la existencia de innumerables demonios y la ejecución de complicados ritos sepulcrales; el concepto de que el acto sexual es uno de los medios de salvación.

La adoración de las *shaktis* llevó a la creencia de que una mujer puede alcanzar el Nirvana sin que le sea preciso reencarnarse en un hombre, como afirman los ortodoxos. La sabiduría fue concebida como una diosa; el origen de esta divinidad puede hallarse en el sur de la India, cuya cultura primitiva era matriarcal. La Suprema Realidad sería la unión del principio masculino, activo, con el principio femenino, pasivo; el arte pictórico de la secta suele representar abiertamente el abrazo de los dioses como símbolo de dicha absoluta. También entre nosotros la poesía mística —pensemos en San Juan de la Cruz y en John Donne— recurre a imágenes nupciales para expresar el éxtasis.

Los gnósticos de Alejandría enseñaban que, para librarse de un pecado, es preciso haberlo cometido; paralelamente, el budismo tántrico de la Mano Izquierda aconseja tanto la práctica de los actos más placenteros como de los más repugnantes: por ejemplo, alimentarse de carne de elefante, de caballo o de perro, condimentada con orina.

El Tantra de la Mano Derecha declara que debemos sublimar las pasiones para que puedan ser vehículo de salvación; el de la Mano Izquierda, en cambio, considera esta sublimación innecesaria.

EL BUDISMO ZEN

Según se sabe, la fe del Buddha tuvo su raíz en el Nepal y emigró después a la Indochina y a la China por obra de diversos misioneros, de los cuales el más famoso fue Bodhidharma, el Primer Patriarca, a principios del siglo VI de nuestra era. Se cuenta que Shen-Kuan, discípulo y sucesor del Patriarca, no comprendió al principio su doctrina, cuya revelación le era negada por éste. Para probar la sinceridad de su fe, Shen-Kuan se cortó el brazo izquierdo; Bodhidharma, interrumpiendo su silencio de muchos años, le preguntó qué deseaba. Shen-Kuan le respondió: "No hay tranquilidad en mi mente; hazme la merced de pacificarla". Bodhidharma le dijo: "Muéstrame tu mente y te daré paz", a lo que contestó el discípulo: "Cuando busco mi mente no doy con ella".

"Bien", dijo Bodhidharma, "ya estás en paz". Shen-Kuan, entonces, recibió una brusca iluminación: comprendió la Verdad.

Esta anécdota, acaso la menos oscura de las que citaremos, sería el primer ejemplo de intuición instantánea que en el Japón se llama *satori*; equivale a lo que sentimos al percibir de golpe la respuesta a una adivinanza, la gracia de un chiste o la solución de un problema.

Una de las sectas chinas fue la de Ch'an (meditación), que pasó en el siglo VI al Japón, donde tomó el nombre de Zen.

Nuestros hábitos mentales obedecen a los conceptos de sujeto y de objeto, de causa y efecto, de lo probable y de lo improbable y a otros esquemas de orden lógico que nos parecen evidentes; la meditación, que puede exigir muchos años, nos libra de ellos y nos prepara para ese súbito relámpago: el *satori*.

Desconfiar del lenguaje, de los sentidos, de la realidad del pasado propio o ajeno y aun de la existencia del Buddha, son algunas de las disciplinas que debe imponerse el adepto. En ciertos monasterios, las imágenes del Maestro se usan para alimentar el fuego; las escrituras sagradas se destinan a fines innobles. Todo esto puede recordarnos la sentencia bíblica: "La letra mata, pero el espíritu vivifica" (Cor, 3-8).

Para provocar el *satori*, el método más común es el empleo del *koan*, que consiste en una pregunta cuya respuesta no corresponde a las leyes lógicas.

El ejemplo clásico se atribuye a varios maestros. A uno de ellos le preguntaron: "¿Qué es el Buddha?"; respondió: "Tres libras de lino". Los comentadores advierten que la contestación no es simbólica. A otro le preguntaron: "¿Por qué vino del oeste el Primer Patriarca?"; la respuesta fue: "El ciprés en el huerto".

El número de discípulos de Po-Chang fue tan considerable que tuvo que fundar otro monasterio. Para hallar quien lo dirigiera, los reunió a todos, les mostró un cántaro y les dijo: "Sin usar la palabra *cántaro*, díganme qué es". El prior contestó: "No es un pedazo de madera". El cocinero, que iba a la cocina, le dio un puntapié al cántaro y prosiguió. Po-Chang lo puso al frente del monasterio.

Acaso de mayor interés es la historia de Toyo, que al cumplir los doce años quiso recibir instrucción del maestro Mokurai. Éste empieza por rechazarlo dada su corta edad; el niño insiste y Mokurai dice: "Puedes oír el sonido de dos manos que aplauden. Muéstrame ahora cómo aplaude una sola". Toyo se retira a su cuarto y al meditar oye la vecina música de las geishas. "¡Ya entendí!", proclamó. Al día siguiente, cuando el maestro lo interroga, Toyo entona la música de las geishas.

"No", le dice el maestro, "ése no es el sonido de una mano". Toyo busca un lugar más tranquilo y oye agua que gotea. "¡Ya entendí!", piensa. Al día siguiente, imita ante Mokurai el sonido del agua; Mokurai le dice: "Eso se parece al sonido del agua, pero no al aplauso de una mano. Prueba otra vez".

Mokurai oye y rechaza el silbido del viento, el grito de la lechuza, el canto de los grillos y muchas otras cosas. Durante un año, Toyo medita sobre el sonido de una sola mano que aplaude. Al fin vuelve al maestro y le dice: "Me he cansado de escuchar y de repetir y he llegado al sonido sin sonido". El maestro le responde: "Has acertado".

Para inducir el *satori* algunos maestros sustituyen el *koan* por medios más violentos. Ante una pregunta del discípulo sobre el viaje de Bodhidharma, Ma-Tsu lo derriba de un puntapié. El neófito se ríe y exclama: "Innumerables son las verdades enseñadas por los Buddhas; ahora no hay una sola que no comprenda de un modo simultáneo". Otros maestros recurrían al grito, la bofetada o a diversas formas de violencia física. Hay ejemplos más moderados. Te-Shan, antes de su revelación, había elegido como maestro a Ch'ung-Hsin. Se alojó en el monasterio; al anochecer, estaba sentado meditando cuando Ch'ung-Hsin le preguntó: "¿Por qué no entras?". Te-Shan respondió: "Está oscuro". El maestro volvió con una vela encendida y cuando el discípulo iba a tomarla la apagó; Te-Shan intuyó inmediatamente la Verdad.

Comparadas la mística cristiana o islámica con la del budismo, se advertirán las siguientes afinidades: a) el desdén por los esquemas racionales, que son meros medios; nadie supone que los muchos volúmenes de la *Summa Theologica* equivalgan en sí a la experiencia de la Verdad; b) la percepción intuitiva, ajena a la que pueden suministrar los sentidos; c) el conocimiento absoluto, que nos da una certidumbre cabal, irrefutable por el ejercicio de la lógica; quien lo posee, puede prescindir de premisas y de conclusiones. Una vez dueño de la verdad, el místico percibe que la oposición de los contrarios se integra de algún modo en una realidad superior; por lo tanto, también está más allá de los valores de la moral corriente. Cuando San Agustín escribe: "Ama y haz lo que quieras", quiso acaso decir que el hombre que ha llegado al amor divino es incapaz de obrar mal. d) La aniquilación del Yo. Nuestra vida pasada es absorbida por el Todo; la paz y el alivio son la recompensa inmediata; e) La visión del múltiple universo transformado en una unidad;[1] f) una sensación de felicidad intensa.

---

1 Recordemos los versos de Blake: *To see a World in a grain of sand, / and a Heaven in a wild flower, / hold Infinity in the palm of your*

En cuanto a los rasgos diferenciales, el budismo prescinde de toda relación personal con un dios, ya que es una doctrina esencialmente atea en la que no existen ni el creyente ni la deidad. Al revés de lo que sucede en el judaísmo y en sus derivaciones, el cristianismo y el islam, no existen tampoco los conceptos patéticos de culpa, de arrepentimiento y de perdón. No se alcanza el *satori* mediante la adoración, el temor, la fe, el amor de Dios o la penitencia; se trata de una disciplina que busca la paz y elimina las emociones. El maestro Te-Shan nunca rezó, nunca pidió que sus culpas le fueran perdonadas, nunca veneró la imagen del Buddha, nunca leyó las escrituras ni quemó incienso. Tales acciones eran, a su juicio, vanas formalidades; sólo le interesaba la busca incesante y tensa.

Tai-Hui compara el *satori* con un incendio a punto de consumirnos o con una espada desnuda que nos puede matar. El universo entero es un *koan* viviente y amenazador que debemos resolver y cuya solución implica la de todos los otros. Inversamente, cada una de las partes contiene el todo (lo mismo que sucede con los números transfinitos estudiados por Cantor, cada

---

hand / and Eternity in an hour. (En un grano de arena ver un Mundo / y en cada flor silvestre el Paraíso, / sostener en la palma el Infinito / y vivir la Eternidad en una hora.)

una de cuyas series tiene el mismo número que el total) y al comprenderla se comprende el universo.

La aprehensión intelectual de la doctrina del Buddha
no es importante: lo esencial es una iluminación íntima, que parece corresponder al éxtasis. Recordemos la
parábola hindú del viajero que recorre en el verano un
desierto y que, al encontrarse con otro, le dice que está
muerto de cansancio y de sed y que busca una fuente.
El otro le indica el camino. Esa indicación no sacia la
sed ni alivia el cansancio; es necesario que el viajero
llegue personalmente al manantial. El desierto es el
nacimiento y la muerte; el primer viajero es todo ser
viviente; el segundo es el Buddha; el manantial es el
Nirvana. Como todos los místicos, el budista descree
del lenguaje y de los argumentos. Recordemos la parábola de la flecha, expuesta por el mismo Gautama; el
Zen ha heredado esa tradición haciendo prevalecer el
satori sobre los ritos, la erudición y el filosofar. El *satori*
es pues el principio y el fin del Zen; ha sido compara-
do con una flor que se abre de súbito.

El Zen ha influido y sigue influyendo en la vida
cotidiana de las comunidades que lo profesan. Las diversas artes —la arquitectura, la poesía, el dibujo, la
pintura, la caligrafía— muestran su influjo. La delibe-
rada omisión y la sugestión son elementos esenciales;
recordemos los lacónicos dibujos y las brevísimas estro-

fas de los *tanka* y los *hai-ku*. De estos últimos, veamos unos ejemplos:

Más fugaz que el brillo de una hoja
llevada por el viento,
esa cosa, la vida.

La casada sin hijos
¡con qué ternura toca
las muñequitas de la tienda!

Ciruelo de la orilla:
¿el agua se lleva de veras
tus flores reflejadas?

Desde las gradas del templo,
alzo a la luna del otoño
mi verdadera cara.

También el arduo adiestramiento en el uso de la espada y del arco no es solo un fin sino un ejercicio espiritual: el maestro dispara la flecha en la oscuridad y da en el blanco, pero esto es menos importante que la disciplina mental que ha precedido la proeza.

El ikebana, cuyo sentido literal es la inmersión de plantas vivas en el agua, coincide con la introducción del budismo; su origen fue ritual y monástico y se generalizó después. No hay casa japonesa en que no se dispongan flores o ramas en el *tokonoma*, nicho mural que sustituye el santuario y que se muestra siempre a los huéspedes. El aprendizaje del ikebana presupone una gran concentración, no sólo en la elección de las flores sino en el diseño que forman, basado en el esquema, siempre asimétrico, de las tres líneas que son símbolos del cielo, la tierra y el hombre. La estética se da por añadidura; lo fundamental es el sentimiento religioso del creador y del que contempla la obra. Es frecuente el hábito de inclinarse ante la composición, antes y después de admirarla.

Los jardines del Japón son famosos; muchos están concebidos como cuadros, no suelen ser muy grandes y en ellos se busca imitar la naturaleza, evitando la simetría y los colores vivos. El agua, si falta, es simulada por arena y abundan las rocas y los arbustos de formas armoniosas. El más famoso de los jardines de este tipo es el de Ryoan-Ji, en Kyoto; mide treinta metros de largo por diez de ancho y consta de quince rocas grandes y chicas, dispuestas en cinco grupos ordenados diversamente y asimétricamente distribuidos. Data de principios del siglo XVI y se lo considera la quintaesencia del arte Zen.

Característica del Zen es la ceremonia del té, que se cumple en pabellones destinados a ese fin o en casas de familia. La índole religiosa de este rito se advierte en la lenta dignidad del oficiante, la parquedad de los diálogos, la actitud reverente de los comensales y la belleza y pulcritud de los utensilios. Para el Zen, los actos más comunes pueden ejecutarse con un sentido religioso y deben enaltecer nuestra vida.

EL BUDISMO Y LA ÉTICA

Hace dos mil quinientos años que la prédica de un príncipe menor del Nepal ha influido en incontables generaciones del Oriente; no se ha hecho culpable de una guerra y ha enseñado a los hombres la serenidad y la tolerancia. Citemos algunos textos de los libros canónicos:

"El odio no puede nunca detener el odio; sólo el amor puede detener el odio; esta ley es antigua".

"Si en la batalla un hombre venciera a mil hombres, y si otro se venciera a sí mismo, el mayor vencedor sería el segundo".

"No hay fuego comparable a la pasión; no hay mal comparable al odio; no hay dolor como el de esta vida carnal; no hay dicha superior a la paz".

"En este mundo producen felicidad la bondad del corazón, la moderación para con todos los seres. En este mundo producen felicidad la ausencia de pasiones y la superación de los deseos. Pero la destrucción del egoísmo es en verdad la felicidad suprema".

"La felicidad es de aquel que no tiene nada, que ha dominado la doctrina y ha alcanzado la sabiduría. Mira cómo sufre el que tiene algo. El hombre está encadenado al hombre".

"Las penas, lamentaciones y sufrimientos de múltiples formas que existen en este mundo se producen a causa de algo querido. Por esto, son felices y están libres de dolor aquellos que no tienen en este mundo nada querido. Si aspiras al estado libre de dolor y de pasión, no tengas nada querido en ningún lugar de este mundo".

"Los dioses no pueden alcanzar con la mirada a aquel hombre en cuyo interior no existe cólera, que está más allá de cualquier forma de existencia o de inexistencia, cuyos temores han cesado, feliz y libre de pena".

Cierta vez que el Buddha se encontraba en un bosque, murió el único hijo de un devoto laico. Al amanecer, los deudos se acercaron con las ropas y el pelo aún húmedos del baño ritual. El Buddha les preguntó por qué venían así y el padre dijo: "Señor, ha muerto mi único hijo, un niño agradable y muy querido". El Buddha respondió: "Los dioses y la mayoría de los hombres, atados por el goce de lo que tiene apariencia agradable, presas del sufrimiento y de la vejez, caen en poder del Rey de la Muerte; pero aquellos que, de día y de noche, alertas y vigilantes, dejan de lado lo que tiene apariencia agradable, arrancan por completo la raíz del sufrimiento, el señuelo de la muerte, tan difícil de superar".

Un insensato oyó que el Buddha predicaba que debemos devolver el bien por el mal y fue y lo insultó. El Buddha guardó silencio. Cuando el otro acabó de insultarlo, le preguntó: "Hijo mío, si un hombre rechazara un regalo, ¿de quién sería el regalo?". El otro respondió: "De quien quiso ofrecerlo". "Hijo mío", replicó el Buddha, "me has insultado, pero yo rechazo tu insulto y éste queda contigo. ¿No será acaso un manantial de desventura para ti?". El insensato se alejó avergonzado, pero volvió para refugiarse en el Buddha.

Sona, discípulo del Buddha, se cansó de los rigores del ascetismo y resolvió volver a una vida de placeres. El Buddha le dijo:

"¿No fuiste alguna vez diestro en el arte del laúd?".

"Sí, Señor", dijo Sona.

"Si las cuerdas están demasiado tensas, ¿dará el laúd el tono justo?".

"No, Señor".

"Si están demasiado flojas, ¿dará el laúd el tono justo?".

"No, Señor".

"Si no están demasiado tensas ni demasiado flojas, ¿estarán prontas para ser tocadas?".

"Así es, Señor".

"De igual modo, Sona, las fuerzas del alma demasiado tensas caen en el exceso, y demasiado flojas, en la molicie. Así pues, oh Sona, haz que tu espíritu sea un laúd bien templado".

Un río separaba dos reinos; los agricultores lo utilizaban para regar sus campos, pero un año sobrevino una sequía y el agua no alcanzó para todos. Primero se pelearon a golpes y luego los reyes enviaron ejércitos para proteger a sus súbditos. La guerra era inminente; el Buddha se encaminó a la frontera donde acampaban ambos ejércitos.

"Decidme", dijo, dirigiéndose a los reyes: "¿qué vale más, el agua del río o la sangre de vuestros pueblos?".

"No hay duda", contestaron los reyes, "la sangre de estos hombres vale más que el agua del río".

"¡Oh, reyes insensatos", dijo el Buddha, "derramar lo más precioso por obtener aquello que vale mucho menos! Si emprendéis esta batalla, derramaréis la sangre de vuestra gente y no habréis aumentado el caudal del río en una sola gota".

Los reyes, avergonzados, resolvieron ponerse de acuerdo de manera pacífica y repartir el agua. Poco después llegaron las lluvias y hubo riego para todos.

BIBLIOGRAFÍA

Para la redacción de este volumen hemos consultado, entre otras, las siguientes obras:

BENOIT, HUBERT, *La doctrine suprême*, París, 1951.
BESWICK, ETHEL, *Jataka tales*, Londres, 1956.
BREWSTER, E. H., *The Life of Gotama the Buddha*,
Londres, 1956.
CONZE, EDWARD, *Buddhism. Its Essence and Develop-
ment*, Oxford, 1951.
———, *The Buddha's Law among the Birds*,
Oxford, 1955.
DAVID-NEEL, ALEXANDRA, *Le Bouddhisme*, Mónaco,
1936.
———, *Místicos y magos del Tibet*, Madrid,
1968.

DRAGONETTI, CARMEN, *La palabra del Buda*, Barcelona, 1971.

EVANS-WENTZ, W. Y., *The Tibetan Book of the Dead*, Londres, 1957.

FATONE, VICENTE, *El Budismo nihilista*, Buenos Aires, 1962.

FOUCHER, ALFRED, *La vie du Bouddha*, París, 1949.

—————, *Las vidas anteriores de Buda*, Madrid, 1959.

FUSSELL, RONALD, *The Buddha and his Path to Self-Enlightement*, Londres, 1955.

GRIMM, GEORG, *Die Lehre des Buddha*, Múnich, 1917.

HERRIGEL, EUGEN, *Zen in the Art of Archery*, Londres, 1953.

HERRIGEL, GUSTIEL, *Zen in the Art of Flower Arrangement*, Londres, 1958.

HUMPHREYS, CHRISTIAN, *Buddhism*, Londres, 1951.

KAKUZO, OKAKURA, *The Book of Tea*, Tokio.

KERN, H., *Manual of Indian Buddhism*, 1896.

LADNER, MAX, *Gotamo Buddha*, Zúrich, 1948.

MORGAN, KENNETH W., *The Path of the Buddha*, Nueva York, 1956.

OLDENBERG, HERMAN, *Buda. Su vida, su obra, su comunidad*, Buenos Aires, 1946.

REPS, PAUL, *Zen flesh, Zen bones*, Tokio, 1970.

STEIN, R. A., *La civilization tibétaine*, París, 1962.

SUZUKI, D. T., *Essays in Zen Buddhism, First Series,* Londres, 1927. *Second Series,* Londres, 1950.

THOMAS, EDWARD J., *The Life of Buddha as Legend and History,* Londres, 1952.

WALEY, ARTHUR, *Monkey,* Londres, 1942.

WATTS, ALAN, W., *The way of Zen,* Londres, 1971.

The World's Great Religions, Time Incorporated, Nueva York, 1957.